ALMA DE COACH

POTENCIA TU LIDERAZGO EN UN MUNDO DE CAMBIOS

JAVIER COTERILLO

www.almacoach.guiaburros.es

Primera y segunda edición: mayo de 2021
Tercera edición: septiembre de 2021

ISBN: 978-84-18429-23-1
Depósito Legal: M-9745-2021

IMPRESO EN ESPAÑA/ PRINTED IN SPAIN

Si después de leer este libro, lo ha considerado como útil e interesante, le agradeceríamos que hiciera sobre él una **reseña honesta en cualquier plataforma de opinión** y nos enviara un e-mail a **opiniones@guiaburros.es** para poder, desde la editorial, enviarle **como regalo otro libro de nuestra colección.**

Sobre el autor

 **Javier Coterillo.** Es empresario, con veinte años de experiencia en la dirección y gestión de equipos, en la creación de marcas, la motivación y la venta cruzada, principalmente en el sector farmacéutico, hoy es CEO del Grupo Farmaquivir.

Coach certificado por el Instituto Europeo de Coaching, especializado en la aplicación de las *soft skills* y la inteligencia emocional en la gestión empresarial, es conferenciante y asesor de compañías que buscan en sus proyectos el impulso económico y personal.

Su presencia es constante en los medios de comunicación, colaborando regularmente en la Cadena COPE, Capital Radio, Libertad FM o El Mundo Financiero. Como experto en liderazgo transformacional, vuelca su consultoría sobre el crecimiento de las empresas y las instituciones a las que está vinculado.

Es un apasionado del arte, la naturaleza y el deporte, especialmente el boxeo. Su filosofía de vida es *"avanti siempre"*.

Agradecimientos

Llevar a término un libro significa siempre, más allá del mayor o menor trabajo intelectual, desvelos y sacrificios, también la ocasión de colaborar y cooperar con quienes te pueden ayudar, te pueden aportar... con quienes puedes compartir el camino y vivirlo.

En particular, quiero dedicar estas páginas a todas aquellas personas que tienen un potencial ilimitado y aún no son conscientes de ello, a los valientes que se atreven a emprender y crear (y sobre todo creer), a toda esa gente que lo ha pasado mal y dispone de la capacidad de ser resiliente y no rendirse, a los que piensan limitantemente que no pueden salir del bucle donde se encuentran y espero que puedan cambiar su rol de observador al leer esta reflexión, esta episódica sesión de *coaching* que quiero compartir con ellos.

Por supuesto, agradezco de corazón a mi familia, a mis padres y mi hermano, que me han dado siempre su amor incondicional, natural y sincero. Ahí han estado también, durante todo este proceso creativo, siendo testigos y partícipes, mis amigos verdaderos, cuya presencia me llena de energía siempre y me anima para seguir adelante con la batalla. Y, por descontado, no puedo dejar de acordarme de las personas que hacen con esa escucha diferencial que pueda canalizar toda mi fuerza y potencial en el día a día.

Estoy seguro de que este es el primero de muchos que vendrán y que tampoco serán posibles sin todos vosotros, los que estáis al otro lado y, sin ser conscientes, también en este, el del autor.

Javier Coterillo

índice

Prólogo.. 15

Si puedes soñarlo, puedes lograrlo........................ 21

Llenemos la mochila de libros, no de piedras.......... 27

Menos jefes y más líderes: ¡que alguien escuche!..... 35

El emprendimiento: algo más que un mantra......... 45

Hay que equivocarse pronto y barato.................... 51

La conexión de lo inconexo.................................. 59

El talento, combustible y motor corporativo........... 63

Dame un punto de apoyo y.................................. 71

Por qué a mí, por qué ahora................................ 79

Entre la armonía y la adicción............................. 85

Vuelva usted pasado mañana............................... 89

Guante seda en puño, de carne y hueso................. 93

Es la comunicación, ¡estúpido!............................. 97

La piedra filosofal del alto rendimiento................. 103

Construyendo el mundo después del COVID-19... 107

Las emociones suman y multiplican...................... 117

Todas las fichas a las *soft skills*.......................... 123

Las profesiones de la era Kubrick......................... 131

Epílogo.. 135

Prólogo

"No dejes que termine el día sin haber crecido un poco, sin haber sido feliz, sin haber aumentado tus sueños".
Walt Whitman

Cuando recibí una llamada telefónica en la que se me pedía que escribiese el prólogo de *Alma de Coach*, pensé: "otra vez, me han vuelto a colocar un libro y no me va a quedar más remedio que leerlo para escribir algo sensato".

Y así hice, lo leí una vez. Lo cierto es que el tema me interesa porque profesionalmente toco algunos de los aspectos que se tratan en este trabajo.

Me gustó lo que encontré y lo leí una segunda vez, en esta ocasión con bolígrafo rojo en la mano para ir subrayando, porque yo soy de los que piensan que hay que aprender de todo el mundo, y si no subrayas o apuntas las cosas se te olvidan, al menos a mí. Y siempre hay que tomar notas de quienes saben más que tú, como es el caso que nos ocupa.

Así que bolígrafo en mano empecé a subrayar aspectos de la obra que me servirán no solo para mejorar como profesional y como persona sino, también, para utilizarlos en mis formaciones.

Sí, querido Javier, te voy a copiar inmisericordemente algunos de los temas que comentas, aunque, por supuesto, siempre diré la fuente original de ese conocimiento.

Uno de los aspectos que más me han llamado la atención es cómo Javier Coterillo trata el tema del liderazgo y la diferencia entre jefe y líder. No lo hace como habitualmente nos encontramos en infinidad de escritos, con el ejemplo grueso de lo que es un jefe y lo que es un líder, sino profundizando en el alma humana para ver la diferencia entre ambos, algo muy de agradecer.

También habla de emprendedores, un tema del que me precio conocer algo. En los últimos años he hablado con más de diez mil emprendedores y empresarios, a veces varias horas y otras veces apenas unos segundos. A todos ellos les he visto similar ilusión por hacer crecer su negocio, y la mayoría de ellos, siguiendo una línea moral que se refleja perfectamente en *Alma de Coach,* preocupándose más por el desarrollo de su negocio y la creación de empleo que por el dinero que les va a aportar ese negocio. Pero sin olvidar que el dinero es parte esencial de todo el proceso, que no somos hermanitas de la caridad.

La mayoría de ellos intentan mejorar y trabajan con intensidad su lado humano, sin olvidar la parte de tiburón de los negocios, por supuesto. Esa mezcla es difícil de conseguir pero la podemos traducir en un concepto tan sencillo como ser buen profesional pero, sobre todo, buena persona.

Una de las sentencias que refleja ese trabajo de Javier Coterillo es que "no lidera quien quiere sino quien sabe", lo que nos lleva a decir sin género de dudas que "tú no eres quien decides si eres líder, tú no te haces líder, son los otros los que te hacen líder por tu comportamiento y forma de ser y actuar".

Y eso se logra saliendo de la zona de confort, asumiendo retos y tomando decisiones en ocasiones difíciles de entender, huyendo, como dice Javier, de lo políticamente correcto. Porque lo políticamente correcto es muy útil para quedar bien con los demás y no complicarnos la vida, pero no para asumir riesgos y tomar decisiones que puede que no sean entendidas por la mayoría.

Javier habla de emprendedores en varias partes del libro. Todos sabemos que un emprendedor es alguien que pone toda la carne en el asador, que no se conforma con medias tintas. Sin olvidar que cuando un emprendedor emprende, también lo hace toda su familia y que el emprendedor emprende las 24 horas del día.

Creo que *Alma de Coach* nos aporta muchas lecciones y conocimientos. Y me quedo con uno: "hay que equivocarse pronto y barato".

Espero que la lectura de esta obra te resulte útil y, si me lo permites, te recomendaría que cojas un bolígrafo y subrayes. Verás cómo merece la pena.

Mi conclusión es que en vez de pensar que me habían colado un balón por la escuadra, lo cierto es que la editorial me ha hecho un favor al pedirme prologar *Alma de Coach*. He aprendido y recordado cosas que tenía olvidadas y que me van a ser muy útiles en mi día a día, tanto en lo profesional como lo personal.

Disfruta de la lectura.

Juanma Romero
Director y presentador del programa Emprende de TVE. Formador en habilidades blandas, conferenciante, moderador, presentador de eventos, escritor, *networker* y mentor.

Si puedes soñarlo, puedes lograrlo

Se ha puesto de moda en los últimos tiempos, por los gurús del *coaching,* apelar a la necesidad e incluso las bondades que tiene para cualquier persona emprendedora salir de su zona de confort. Resulta casi chocante el planteamiento en unos momentos en los que, bajo el paraguas del Estado del bienestar, en las sociedades occidentales, en los sistemas abiertos, precisamente lo que se está poniendo en solfa son la precariedad y las desigualdades, y la dificultad, en general de las clases medias, para seguir disfrutando de las comodidades del día a día, como lo han hecho en las últimas décadas.

Sin embargo, y sin el menor ánimo de sumarme a la corriente, creo que los riesgos son necesarios cuando se pretende sobresalir, triunfar, cruzar barreras, desbordar límites. Evidentemente no me circunscribo al campo de la empresa, sino igualmente al de la cultura o el deporte o hasta la filantropía. Unos riesgos moderados, claro está; pero pienso de veras que el ser humano es mucho más lo que gana que lo que puede perder cuando pone a prueba el alcance de sus propios horizontes. Puede sentir vértigo, incertidumbre, incluso miedo. Pero, a mi modo de ver, ahí están los cimientos y la base del progreso social y hasta la salsa de la vida.

Vivimos horas en las que no resulta fácil poner toda la carne en el asador en el desempeño rutinario, porque a veces se genera la impresión, a nivel colectivo, de que faltan oportunidades. En una sociedad que les ha dado a sus hijos formación, especialización, dentro y fuera de España, parece que cuando se llega al final del camino por parte de nuestros jóvenes, hay más muros que puertas abiertas. ¿Es en realidad así? ¿Cómo superamos este escenario? ¿Con qué estímulos? ¿Dónde cargamos las pilas y cómo las utilizamos?

Hay cuestiones que históricamente no cambian. Las personas de éxito trabajan sin mirar el reloj para alcanzar sus metas. Con un sentido, con un plan, desde luego. No solo la mediocridad, la pereza y la atonía emocional conjugan muy mal con el triunfo, el personal y el profesional. ¿Hay golpes de suerte? ¡Claro! Son contados, y sin duda, la suerte hay que trabajarla. Como decía el viejo genio literario, "cuando llegue la inspiración, que me pille delante del escritorio". ¡Y es verdad!

Todos necesitamos de esa fuente de energía interna, la sintamos como la sintamos, que opera como combustible del motor que nos hace salir a jugar el partido cada mañana. ¿Dónde queda esa lucha desde el amanecer si no hay la tenacidad y la persistencia, la motivación y hasta la ilusión? No se trata de darle a nuestra existencia un sentido que podría parecer épico, pero sí, inconfundiblemente, de encontrar una razón de ser, un acicate a todo cuanto nos enfrentamos.

Somos algo muy importante respecto de los senderos que recorremos: sus principales, sus únicos arquitectos. Hay condiciones y circunstancias que nos pueden poner trabas, que nos pueden hacer circular más lentos, nadie lo niega; pero lo importante es trascender esos obstáculos, sean grandes o pequeños, y naturalmente, los primeros, los pequeños. ¿Quién no tiene una visión de lo que anhela que sea de su futuro? ¿Quién no visualiza una y otra vez, sea con la cadencia que sea, sus propósitos? Aún más, ¿quién no encuentra un gran punto fijo, prevaleciendo sobre los demás, que le da sentido a su hoja de ruta y la ilumina?

Sin deslizarnos por las rampas de la metafísica, algo hay a mi modo de ver muy claro. En la carrera de fondo y en las rutinas que sobrellevamos, hay quienes esperan a que les llegue su ocasión mientras otros las crean y alimentan. A sabiendas de los errores que puedan cometer, de las imperfecciones de sus zancadas. ¡Esa es la diferencia! ¡Eso marca las distancias! ¿Acaso el tiempo no se pone de nuestro lado en nuestro aspiracional proceso de perfeccionamiento, sean o no nuestras apuestas a lo grande?

No me considero un obseso del racionalismo, pero sin embargo nadie me tendrá que convencer de que el éxito es cualquier cosa menos un resultado del azar. Al contrario: es, como regla, el producto de muchas acciones con un sentido, y excepcionalmente de alguna aislada y singularmente magistral y definitiva. También, no lo neguemos.

La excelencia rima invariablemente con la laboriosidad, con la intensidad y el esfuerzo sostenido. En más de una ocasión hemos escuchado a nuestros mayores aquello de que "en la vida a nadie le regalan nada" o "en la vida no hay nada regalado". ¿Acaso no es verdad? ¿Acaso sin interiorizar lo que se desprende de esos consejos podríamos empeñarnos con tesón en pulirnos, en dar más y mejorar aquello a lo que entregamos nuestro reloj vital? ¿Acaso podríamos hacer realidad lo que soñamos, incluso a veces siguiendo los pasos que otros empezaron a andar yendo muy lejos?

Qué duda cabe que cada uno de nosotros tiene su propia definición del triunfo y, por consiguiente, de las metas que debe alcanzar para conquistarlo. Pero una cosa es inamovible: no llegaremos al final de la pista si no mantenemos el foco que, en última instancia, nos ayudará a dar los pasos correctos en el momento preciso, sin desvíos ni atajos, y nos facilitará otra de las virtudes que, a mi juicio, es imprescindible si aspiramos a ser ambiciosos y crecer, no solo en el mundo de la empresa: la constancia; insistir en la vía que consideramos correcta, no descartando el cambio de la misma si en un hito concreto entendemos que estamos errando.

Cuando uno se detiene un instante, hace autocrítica y examina en qué acertó y en qué menos, hay un elemento, seguramente distinto a los demás, que tiene un carácter luminoso: se llama pasión. Sin ella, ¿alguien piensa que merece la pena, nuestro tiempo, nuestra dedicación, y nuestras energías?

Cada ser humano es único, sí. Pero nos igualamos en que todos buscamos la felicidad, y en que esa felicidad y autorrealización depende de nosotros mismos, de nuestra actitud y estado de ánimo. No se trata de aferrarse al idealismo porque sí, pero no hay nada más importante para mí que ser feliz en el trabajo y con el trabajo. El viejo filósofo chino Confucio ya lo vio hace tantos siglos: "Elige un trabajo que te guste y no tendrás que trabajar ni un día de tu vida".

No pienso que sea necesario llegar al extremo de algunas compañías suecas o británicas, que han puesto en marcha departamentos de bienestar para la mejora física y psíquica de empleados y directivos, ofreciendo incluso a nivel interno terapias antiestrés y otras. Sin embargo, en la liga de las emociones, España sigue sin salir del furgón de cola.

Mantener a raya a profesionales tóxicos y hacer equipo con los que verdaderamente aportan es una buena base para empezar. Potenciar la comunicación es, a mi juicio, otro aspecto fundamental para, como se dice en términos coloquiales y hasta vulgares, "comerte el día". Porque comunicar, si se aplica como estrategia vinculada inherentemente a cualquier proceso, significa crear entornos fluidos, donde prevalecen las ópticas constructivas y los enfoques para la resolución eficaz y ágil de conflictos. ¿No es esta una magnífica piedra de toque para conseguir la satisfacción y la motivación de cuantos actores intervienen en la empresa, para canalizar la explosión del talento en los distintos niveles de la organización?¿No es esta la manera de abrir la esclusa a la creatividad y a la propia promoción interna? Cuando se trabaja adecuadamente en este campo, se elimina la negatividad en la que caen muchas personas y de la que resulta a veces complicado salir. ¿Hay algo peor que el desánimo y la queja constante?

Precisamente hace ya casi tres décadas, el crítico de arte Robert Hugues convirtió su ensayo *La cultura de la queja,* al que yo particularmente vuelvo una y otra vez, en una denuncia magníficamente argumentada sobre los efectos paralizantes que en la sociedad produce, ora la corrección política y el victimismo que en tantas ocasiones se proclama de manera tan injustificada. La vida es demasiado corta como para renunciar a vivirla plenamente. ¡Miremos siempre al frente!

Llenemos la mochila de libros, no de piedras

No cabe duda de que cuanto más aciertas en la vida, en términos personales y profesionales, más oportunidades tienes de seguir acertando. Se ha dicho tradicionalmente, y es verdad, que dinero llama a dinero, que un éxito es el mejor padre de otros por venir, es la vitamina que nos permite prosperar y avanzar, robustecernos a todos los niveles.

Es lo que yo denomino "la espiral virtuosa", que siempre hay que buscar espantando a "la espiral viciosa", porque es la llave para la generación de abundancia. Y hay de nuevo aquí, en esta mecánica, una cuestión estrictamente psicológica y emocional. Cuantos mayores son nuestros logros, más accesibles vemos los siguientes a conquistar. Es una cuestión igualmente de motivación, de confianza, de autoestima, de seguridad en nuestros conocimientos, en nuestros recursos, en nuestra red de contactos y, desde luego, en nuestra propia experiencia; esta debería ser siempre una mochila llena de libros y no de piedras.

En mi opinión, no hay mayor ventaja que entender el éxito como un proceso en el que nos superamos a nosotros mismos, en el que crecemos individual e interiormente. Incluso en una sociedad libre, en una economía de mercado, en un mundo tremendamente competitivo, mi concepto de éxito no pasa por derrotar a otros, o por situar mi hombro por encima del de los demás. Entiendo las conquistas en el mundo de la empresa como un proceso que ensancha mi propia entereza mental, mi fuerza de voluntad para seguir dando pasos, o zancadas, y para sobreponerme, cuando llegan, a situaciones adversas de cambio y dificultad.

Cuando mediado el siglo pasado, John Von Neumann y Oskar Morgenstern diseñaron su *Teoría de Juegos Matemáticos,* introdujeron el concepto de suma cero, que consiguió explicar de forma simple y directa aquellas interacciones en las que el beneficio o ganancias de una de las partes es igual a la pérdida que sufre la parte contraria, lo que por lógica hace que la suma del beneficio y la pérdida producidas sea igual a cero.

Nadie puede dudar de que estamos rodeados de interacciones, en nuestra vida, en las que esta teoría se impone como modelo explicativo. Pensemos en el mundo del deporte: lo que un equipo o jugador gana es porque el rival lo pierde, y es una regla que se cumple inexorablemente, independientemente de la disciplina o el tipo de competición, de que el deporte sea individual, colectivo, o mixto.

No solo eso. Manteniéndonos en el mundo del deporte, que yo personalmente manejo con frecuencia no solo para hacer la exégesis de situaciones empresariales sino para defender determinadas posiciones incluso en negociaciones de alto nivel, se desarrolla con frecuencia la idea de que en la vida solo vale ser el primero; ni siquiera vale la pena llegar al podio porque, como se sostiene vulgarmente, nadie se acuerda de quién se colgó la plata y quién el bronce, como nadie se acuerda de quién fue, por ejemplo, el tercero en un Mundial de fútbol. A lo sumo, se recuerda al finalista que cayó derrotado y, por lo general, de manera penosa, por alguno de sus errores a pesar de los innumerables aciertos que le llevaron al último partido en busca de la gloria.

Hay una teoría, seguramente menos celebrada, pero que ayuda mucho en nuestro camino si se la tiene presente. Para mí tiene un cierto poder de seducción. Es la que llevó a los biólogos Maynard Smith y Eörs Szathmáry a demostrar que las principales evoluciones que se han registrado a lo largo de la historia de la vida no han estado marcadas por juegos de suma cero sino por juegos de suma positiva.

Creo precisamente que nos ha tocado vivir una era de la cooperación y de la colaboración, de rechazo al conflicto y la guerra, incluyendo las grandes confrontaciones bélicas, en la que hemos de priorizar este foco. Es decir, pensar de qué manera no solo los beneficios de las partes, de ambas, es mayor que cero, sino mayor incluso de la que obtendrían cada una de las partes de forma independiente, actuando como islas inconexas. En otros términos, creo que hemos de mantener una lucha con nosotros mismos por mantener lejos el egoísmo que probablemente es inherente a nuestra propia naturaleza humana, o que al menos tanto se ha enraizado en la cultura occidental: el axioma *win–win* debería formar parte de nuestro sistema de valores, o al menos tengo el pleno convencimiento de que a la propia humanidad la haría mejor. ¿Es más positivo desarrollar el convencimiento de que solo podemos triunfar a costa del otro o el de que podremos multiplicar las ganancias gracias a que ayudamos a otros a obtener las suyas? La pregunta es retórica.

No creo que sea un planteamiento buenista e ingenuo, porque, por otra parte, no soy especialmente defensor de esa línea de pensamiento que plantea las inagotables bondades de aprender de los errores. En mi opinión, no es la clave la enseñanza que obtenemos en sí misma tras tropezar, sino la forma en la que encaramos y reaccionamos ante ese tropiezo o, llamemos a las cosas por su nombre, ante ese fracaso, que haberlos, los hay.

Desde luego, la respuesta a un contratiempo o un traspié no pasa, o no debería pasar nunca, por recrearnos o estancarnos en la sensación de culpa, o en el castigo, que no lo hay mayor que el que se inflige en ocasiones uno mismo.

Es en los momentos de crisis cuando más nos puede empujar la actitud positiva: pensar en términos de soluciones, sondear nuevas maneras de abordar situaciones complejas para cambiar el signo del desenlace, provocar alternativas, crearlas… y para ello, es imprescindible situarnos en las antípodas del victimismo. ¡Hay que salir del laberinto!

No es sencillo pasar del papel a la práctica. Pero de la misma forma que no debemos permitirnos caer, tras el éxito, en la autocomplacencia o la vanidad —mucho menos desarrollar la soberbia o la arrogancia—, no podemos indagar indefinidamente las causas o los escenarios que, mal afrontados, nos llevaron a un error. Todo tiene un límite.

Todos sabemos que, aun así, el fracaso y sus mecanismos para despejarlo tienen un claro componente cultural y social. Una caída en Canadá o Reino Unido o Estados Unidos, en el mundo anglosajón en general, no es que sea vista como de lo más normal, es que no penaliza al emprendedor, es que robustece su narrativa teniendo siempre su recuperación, con las enseñanzas que lleva aparejadas, una lectura muy positiva y favorable.

No cabe duda de que en España el fracaso profesional se juzga en exceso. Y aun repitiéndose el carácter injusto de este estilo de leer la carrera en el trabajo de las personas, no hay manera de corregir esa óptica, al menos no hasta hoy. ¿Es algo inherente a nuestra cultura? Tal vez.

En público sigue costando hablar de proyectos malogrados, y no digamos ya de los despidos que uno puede sufrir a lo largo de los años y en sus distintas etapas laborales. No reparamos en que, a veces, lo mejor llega precisamente tras ese despido, haya sido o no procedente y haya estado más o menos motivado.

Estamos dando pasos para cambiar esta percepción y este marco. Creo que como sociedad lo estamos haciendo porque lo hemos interiorizado, pero son lentos y cuesta todavía entenderlos. ¡Tenemos que acabar con esa estigmatización! En el fondo, racionalmente, simplemente carece de sentido.

Quizá exageran quienes ponen todo el acento en el valor pedagógico de fracasar, porque no podemos obviar, de ningún modo, que tras un retroceso profesional se produce con frecuencia una terrible lucha psicológica del afectado consigo mismo. Hay un desgaste, en ocasiones, durísimo: situaciones de estrés, incluso postraumático, de ansiedad… trances especialmente desasosegantes en los que es un error recrearse. Pero ¿cómo salir de ese círculo endemoniado que nos priva hasta, literalmente, del sueño por las noches? ¿Hay algo más deprimente que la misma falta de descanso? ¿Alguien se ha librado de esa pesadilla, siquiera por una temporada?

¿A quién, en puridad, le gusta fracasar? A nadie, porque estamos hechos para el éxito. ¿Se puede usar el fracaso como un escalón o trampolín para el éxito? Sin duda: de las oportunidades malversadas se aprende siempre algo y, hasta en algunos casos, se obtienen verdaderas lecciones de vida.

¿De qué sirve echarle la culpa al mundo? Si nuestra oferta no ha funcionado en el mercado, ¿no será mejor preguntarnos si acaso no existía la necesidad que pensábamos o nuestra idea no era tan innovadora como se demandaba, o no estaba lo suficientemente armada y desarrollada? ¿Estaba nuestro talón de Aquiles ya, precisamente, en una desenfocada o deficiente investigación de mercado? ¿Acaso este sufrió una transformación sobrevenida? ¿No se modificó la ejecución del plan de negocios de acuerdo con una realidad siempre en algún grado cambiante? ¿Falló simplemente una identidad que no desarrollamos de manera diferenciada al resto?

En ocasiones, todo depende no del cristal con que se mire sino de la luz con que se ilumine, y la forma de encarar los momentos más duros que nos sobresaltan termina ayudándonos a crear pensamiento crítico. Y, ¡ojo!, no siempre se trata de errores en primera persona sino, a veces, de la elección de un mal socio, de un compañero de viaje que no estuvo a la altura en sus capacidades o su proyección. Lo determinante es que no nos resignemos, que siempre haya espacio y fuerza de voluntad para una siguiente vez. Una narrativa de pérdida tras el despido de una persona o tras la quiebra de una empresa, nada suma.

Seamos realistas: cuando nos ponemos manos a la obra con una nueva ilusión, las probabilidades de fallar, aunque no lo pensemos, tienden a ser altas. Debemos contemplarlo, pero no debe ese hecho abrumarnos. Y, por supuesto, nos debe ayudar para trabajar desde el minuto uno nuestra propia resiliencia. Desde ese mismo punto, hemos de poner a raya todos aquellos factores que puedan desmotivarnos o bloquear nuestro crecimiento.

¿Son muchos, de verdad, los empresarios multimillona
rios que acertaron a la primera, con el primer golpe? Y, en
esta misma línea, ¿no deberíamos revisar con mayor frecuencia, nos vayan bien o no tanto los negocios, nuestras
motivaciones? ¿Pensamos que todo aquel que inicia un
proyecto aspira a ganar el máximo dinero posible? ¿No
puede ser un hándicap de base crear unas expectativas,
por la razón psicológica o de necesidad que fuere, desme-
suradas y que terminan transformadas en un insupera-
ble lastre? ¿No hay otros factores emocionales, dentro de
nuestra actividad profesional, que son fuente de bienestar?
Sin duda, aunque no siempre seamos conscientes de ello.

Una cosa es clara: aprender del fracaso no es un proceso
que salta automáticamente sobre nuestro intelecto; es una
dinámica que hay que buscar conscientemente, dejando
a un lado nuestra parte más visceral y aflorando el perfil
del jugador de ajedrez. La inteligencia emocional vuelve
a ser clave para interpretar qué nos ha pasado y por qué.
¡Tomemos distancia del tablero!

Menos jefes y más líderes: ¡que alguien escuche!

No soy especialmente aficionado a los aforismos o a los esquemas reduccionistas para explicar universos demasiados amplios, pero sí me gustan los conceptos que ayudan a enfocar y resolver. Vivimos un mundo cada vez más volátil, incierto, complejo y, en una fórmula que se ha acuñado a mi entender no exenta de una cierta cursilería.

El hecho es que, para abrir camino en las organizaciones, no solo en las empresariales, se demanda de un liderazgo auténtico, ejecutivo, transformacional… más allá de la formalidad y el cargo, hoy más que nunca. Porque más que nunca hay que acertar encarando y vislumbrando los retos y oportunidades a los que la humanidad se enfrenta. El imparable de la robótica y la inteligencia artificial, la sustitución precisamente de seres humanos en sus funciones y su trabajo, como ya ocurriera en la Revolución Industrial… o simplemente el proceso de calentamiento global. Son todos fenómenos del siglo XXI que exigen visión, con mayúsculas. Hace años todo era más fácil, más sencillo, más estable, más previsible. Con el paso de las décadas veremos con mayor nitidez que vivíamos una etapa de cambios lentos, donde poco o nada se oía hablar del término disrupción porque poco o nada era realmente disruptivo o revolucionario. Ahora, esa revolución trasciende de largo la tecnología, traiga o no causa en ella.

En un circuito de alta velocidad, la ausencia de un gran piloto implica directamente desasosiego y desconfianza. Ahora bien, ¿qué condiciones debe reunir hoy ese gran piloto para triunfar en el Monza o el Montmeló de la empresa? Sin duda y a mi juicio, el carácter, no necesariamente traducido como carisma, suma. La consistencia entre lo que se dice y se hace. La personalidad sólida y, al tiempo, adaptativa, abierta a desarrollar nuevos hábitos que en ocasiones tienen su origen en el *feedback* de los demás, algo que solo puede suceder cuando creemos en un proyecto organizativo que va más allá de nosotros mismos, quizá porque ya existía antes de nuestra llegada o porque seguirá cuando ya no estemos.

La frase hecha "predicar con el ejemplo" está más de moda que nunca, porque al líder se le exige que pase del ordeno y mando, a que motive. Sea mayor o menor su energía y su vitalidad, pero que, con su ejemplo, transmita entusiasmo y eso sea una corriente permanente de fluido eléctrico.

Para cualquier profesional en general, pero especialmente para aquel que ostenta responsabilidades, no hay nada como el conocimiento de sí mismo. Y eso pasa por tener una visión equilibrada de las fortalezas y debilidades propias, porque solo admitiendo estas segundas se podrá tirar de equipo, para luego compartir colectivamente el éxito. Precisamente es, en mi opinión, cuando estamos abiertos a los demás, cuando a través de ese retorno interactivo podemos generar un clima más positivo en la organización.

Vivimos en la sociedad de la información. Las nuevas tecnologías van ligadas a la gestión del conocimiento y grandes masas de datos en ocasiones no desordenadas sino directamente caóticas en su composición. En ese universo nuevo, que ya pisamos, la comunicación es absolutamente decisiva, de ahí que quien coordina y tiene bajo sus directrices a grandes grupos humanos pueda y deba explotarla como una de sus herramientas de trabajo más fulminantes.

La narrativa ha cobrado peso en los tiempos que corren. Y, aplicado a la galaxia empresarial, eso significa que el líder hará bien no solo en transmitir las principales lecciones que ha aprendido en su pasado sino, además, en comunicar sus principios y valores en su espacio de trabajo. Es su historia y, al tratarse de la historia de una escalada, se presume que puede trasladar ejemplaridad en el legado que va construyendo y, simultáneamente, dejando. Así se dirige y así se guía.

No cabe duda de que aquel que alinea los intereses individuales con los colectivos, el que combina los objetivos a corto plazo con el largo plazo, el que se preocupa no solo por lo que concierne y ocupa a su compañía de puertas hacia dentro sino el que mira la estela que dejará a las generaciones futuras… ese, y no otro se convierte en figura esencial para la supervivencia y avance de cualquier tipo de organización. Aun así, el estilo de liderazgo se ha alterado sustancialmente con el paso de las décadas y la verdadera revolución en nuestra propia forma de vida que ha ido aparejada al ascenso, irrupción y democratización total de la informática en sus mil y una aplicaciones y, ahora, del denominado Internet de las cosas. Venimos de personas a las que les gustaba tener el control absoluto, sentir que ostentaban el poder dentro de una compañía, tomar las decisiones con poca consideración a las opiniones ajenas… y que, con frecuencia, y por desgracia, producían climas laborales de tensión y de baja participación. Un fiasco, se quiera o no se quiera ver.

Hoy la tendencia es muy diferente y, como digo, en mi opinión mejor. Que alguien sea el responsable final de las determinaciones tomadas y de las repercusiones que tengan no significa que no deba consultar, incluso asesorarse, colaborar, demandar impresiones a sus colaboradores. ¡Así debiera ser siempre!

No se trata, sin más, de dejar hacer a los trabajadores sin ejercer control sobre ellos. Pero sí de dotarles de responsabilidades, de intervenir mínimamente en sus rutinas, de provocar que ellos mismos crean en sus posibilidades, siempre estableciendo ineludiblemente algún tipo de sistema de recompensas y castigos y unos procedimientos de funcionamiento que sean los mínimos, que estén tasados y dotados de transparencia, que sean medibles.

No es una frase hecha. El líder natural debe poseer cualidades diferentes al resto y es percibido como aquel que tiene capacidad para resolver problemas que terceros no podrían. No se trata de una visión romántica o idealizada. Es, de acuerdo con los hechos, la única posible. De él se espera una efectividad única, que consigue con el aprovechamiento del talento de sus equipos, persona por persona, creando unidad. Bien es cierto que en la medida en que las organizaciones han cambiado su fisonomía, esencialmente por el irreversible empuje de la revolución tecnológica, también lo ha hecho el propio perfil de quien se ha puesto al frente de ellas.

Hoy, mucho más que ayer, las compañías, medianas y grandes, han dejado de ser estructuras rígidas, absolutamente verticales y jerárquicas, para generar y abrir paso a un estilo más cooperativo y horizontal en el que se espera de la cabeza o las cabezas de la empresa que, más allá del cargo, generen confianza y respeto con su ejemplo, credibilidad, autenticidad. De un dibujo piramidal se ha pasado a otro de tipo reticular.

Pienso que cada persona debe descubrir qué es lo que le hace único para ejercer su mando sobre los demás, conociendo sus fortalezas, debilidades y limitaciones. Es precisamente ese diagnóstico el que llevará al líder a reclamar el tipo de ayuda que pueda necesitar, reconociendo, desde la humildad, las contribuciones de sus colaboradores y, en ese sentido, haciendo del aprendizaje un hábito.

Probablemente, en un entorno tan convulso e impredecible como el que nos ha tocado vivir, no únicamente en términos empresariales, uno de los atributos que más valoro en un buen jefe es la resiliencia. El autocontrol y los mecanismos de defensa para responder a vulnerabilidades por parte de quien está en los pisos superiores son esenciales para disminuir el estrés en el seno de la propia firma, independientemente del sector y para aumentar la confianza y el compromiso del grupo. Los tiempos han cambiado, y un hecho fundamental es que cada persona, a nivel mundial, es capaz de producir contenido y difundir de manera instantánea y global a través de Internet, en general, y las redes sociales en particular. Quien formalmente era o ejercía de jefe en el pasado no tenía la presión que hoy surge cuando hay mecanismos para dejar en evidencia sus traspiés o sus defectos. Tiene sus ventajas e inconvenientes, pero lo insoslayable es que este es el marco en el que nos movemos, y así será al menos en el futuro más inmediato.

Hoy se ve obligado a trabajar con mayor intensidad su lado humano: la cercanía, la honestidad, la empatía que es capaz de transmitir… son todos elementos que influyen sobre la percepción que se forja, en los escalafones medios y bajos, sobre los directivos que ocupan la cúspide.

En ese sentido, el director general de una compañía es, como nunca, un jefe de recursos humanos. Y debe entender el viraje que hay en las necesidades y demandas de los propios empleados, en sus prioridades. Ha remitido la era en que el objetivo era ganar más dinero, una subida en la nómina, una promoción formal, aunque económicamente esta no se tradujera en algo importante desde el punto de vista cuantitativo. Hoy, se pone por delante una mayor flexibilidad y autonomía que facilite la conciliación, o que deje un mayor espacio para el ocio. Simplemente es el bienestar de siempre y distinto.

Desde luego, una parte importante del trabajo del líder es conseguir que otros tengan éxito. De ahí que en mi opinión tenga todo el sentido el que para desarrollar el liderazgo empiece a cuajar la demanda en Humanidades eliminando el peso siempre predominante de la base técnica, o al menos rebajándolo ostensiblemente. En un mundo en el que el acceso a la información es prácticamente universal, la creatividad es un valor al alza. Es el equilibrio clásico entre el *management* y la psicología.

En cierto modo, el líder ideal debe ser ese *coach* que ayuda al empleado a conocerse, a establecer sus metas, ese mentor que guía, orienta y muestra cómo desarrollar un camino a través de la experiencia, que prioriza la búsqueda y promoción del talento en los demás empujándoles en el desarrollo de sus vertientes ganadoras, que tiene verdadera confianza en su equipo y, por tanto, provoca que sus integrantes participen, tengan libertad para aportar ideas y sean cómplices y responsables.

No es fácil encontrar a un líder que no sea psicológicamente fuerte, y eso significa una persona que aúne no solo la visión o la fuerza que aplica a aquello que quiere promover sino su propio control. La conciencia sobre sus fortalezas y las de su grupo es clave para identificar oportunidades y hacer avanzar el negocio; pero también esa misma conciencia sobre las vulnerabilidades y las debilidades, para limarlas y doblegarlas, para vencerlas. Sin esa base, sólidamente establecida, todo se vuelve complicado: la delegación del trabajo en otros, la adaptación a un entorno empresarialmente volátil y al propio cambio, tanto los previsibles como los sobrevenidos, la propia toma de decisiones simples en escenarios complejos, pero con esa base sólida, la velocidad y la eficacia en todos los engranajes de la comunicación progresan.

Siempre he tenido muy claro qué debe evocar, en mi opinión, el liderazgo. Y hablo, en términos generales, en la vida, más allá del ámbito estrictamente económico o financiero. Nunca lo he concebido como sinónimo de dominación sino como la habilidad para transmitir una idea, para volcar la pasión desde la humildad, para generar respeto, para hacer posible el compromiso de un colectivo, que debe seguir al primero no desde la obligación sino desde la creencia de que es algo bueno porque marca el camino correcto. De la misma forma, siempre he entendido ese ejercicio desde la combinación del corazón y la cabeza, lo racional y lo emocional, que no debe confundirse con lo irracional o con la misma ausencia de firmeza y disciplina, siempre tan fundamentales la una y la otra. Creo que solo, o especialmente desde este perfil, es factible la inspiración desde el liderazgo y la emulación por parte de los tuyos.

Cuando hablo de corazón me refiero a la propia reflexión sobre lo que uno mismo hace y cómo lo hace. Qué hay de su honestidad, de su actitud, de su autenticidad, de sus valores, de su disposición para el consenso con sus semejantes. Pienso que únicamente desde estas coordenadas es posible crear verdaderos entornos basados en la confianza, y creo que esa posición del líder respecto de sí mismo la transpira y, en consecuencia, termina alcanzando a los demás y, por recurrir a un concepto que no me apasiona especialmente, empoderándoles. Con frecuencia la figura del jefe ha sido demonizada, y equiparada de forma simple y directa a la de un carácter despótico, unidireccional, rígido, sin capacidad de escucha… Siempre he pensado que, de acuerdo a ese estilo, es literalmente imposible dejar huella en las personas, positiva, se entiende; y es muy complicado influir, evangelizar, hacer que los otros lleven tu filosofía y tu mensaje, lo compartan e interioricen de verdad y con naturalidad.

Dicho de otra forma, no lidera quien quiere sino quien sabe. En otras palabras, ¿de verdad piensas que cualquier presidente o consejero delegado o director general o mandatario alcanza la categoría de líder? Al contrario: son demasiados, a mi juicio, quienes ostentan el poder *(potestas)* pero no ejercen, de acuerdo a la vieja distinción, esa autoridad *(auctoritas)* que no va en el cargo, sino que se tiene que ganar.

En efecto, pienso que por fortuna va quedando atrás la figura de ese líder que persigue, ante todo, su interés personal, que señala culpables cuando algo falla, que busca a los demás para que aporten soluciones cuando estas son ya casi imposibles porque esa búsqueda comienza demasiado tarde o está muy mal planteada. También creo que, antes o después, le pasa factura ejercer el mando a aquellas personas que acreditan su incompetencia o su irresponsabilidad o su afán desmedido de protagonismo; incluso su insolidaridad, cuando desprotegen a los suyos y no actúan con transparencia o no ofrecen explicaciones.

Soy, por otra parte, contrario a quienes se confunden pensando que el liderazgo equivale a perpetuarse, ante cualquier circunstancia y el mayor tiempo posible, por encima del interés general. Esto, por desgracia, es bastante propio de nuestra desacreditada clase política, oxidada y desgastada a los ojos de la opinión pública, que creo que es capaz de distinguir, siempre, quiénes están por el bien común y quiénes persiguen exclusivamente sus intereses de forma mezquina, sin importarles a quiénes atropellan por el camino.

Por último, y como ocurre en tantos ámbitos de la vida, en ocasiones es más asequible identificar algo en positivo cuando vemos cómo se hace en negativo. Dicho en otros términos, nunca alcanzará las condiciones verdaderas para liderar quien se ve sorprendido o se bloquea por los acontecimientos, a quien paraliza la indecisión, quien se aferra —porque sí— a la corrección política, quien divide y enfrenta, quien polariza y eleva exclusivamente su egoísmo, quien se obsesiona con el beneficio personal, quien se mantiene —por las razones que fuere— constantemente a la defensiva y nunca alcanzará esas condiciones quien actúa desde la suficiencia: más que ley de empresa es ley de vida. Pensémoslo un momento.

El emprendimiento: algo más que un mantra

Si efectuásemos un análisis de contenido de los principales medios de comunicación, prensa, radio, tv, digitales… llegaríamos a una interesante y sugestiva conclusión: el concepto y la simple palabra empresario ha cedido prácticamente todo el terreno al emprendedor, que ha cuajado como término, ha hecho fortuna. ¿Por qué? ¿Se trata de una casualidad o una moda? ¿Hay una razón de fondo con sus raíces y sus consecuencias?

A ojos de una parte sustancial de la opinión pública, y por desgracia, al empresario se le ha asociado con la idea de riqueza rápida y fácil, con la opulencia, con la ausencia de corazón, con la falta de miramientos a sus trabajadores, tampoco precisamente con la laboriosidad o el esfuerzo o la lucha contra las dificultades… no era necesario llegar a la imagen de sombrero negro de copa y puro habano entre los dedos pero, en todo caso, se trataba de una simple caricatura que en modo alguno se compadecía con la realidad. Ni en España ni en ningún país del mundo.

El emprendedor ha emergido, como contrapunto, como una figura formalmente más amable, comprensible y accesible, incluso diría que más *cool* para un segmento de la población, tal vez el más joven. Ahí se ha enmarcado, de nuevo a ojos de un sector amplio de la sociedad, al autónomo, al propietario de la tienda de informática de la esquina o al joven recién licenciado que ha creado su propia empresa emergente, obteniendo éxito y reconocimiento. Perfiles muy diversos, pero todos con algunos elementos compartidos.

De una forma u otra, emprender es algo fascinante, pero, al mismo tiempo, lleno de obstáculos. Nadie nos va a dar la tecla perfecta, a poner la varita mágica en nuestra mano para prescribir cómo, dónde y cuándo hacerlo. Hay algunas sugerencias que me atrevo a poner sobre el papel sin ánimo de abrirle a nadie el espacio para acertar, sino para su propia reflexión interna, de acuerdo a su particular contexto, a su experiencia, a sus aspiraciones y a su ecosistema no solo empresarial sino propiamente vital.

No me parece que ayude precisamente, y no es mi caso, pasar los días permanentemente pendiente de la aprobación de los demás. En nuestras ideas ni en nuestros actos, ni por supuesto… ¡en nuestros sueños! Creo que en esa actitud hay un punto de inseguridad que bloquea a las personas para pensar y hacer cosas a lo grande, a probar con algo nuevo. Somos humanos: podemos caernos de la bicicleta incluso dando pedales, en función de los circuitos que con ella hagamos, pero hay que subirse y darlos. Y, sobre todo, hay que hacerlo con pasión, sin miedo a ser juzgado, al tan español, y al tiempo cansino, qué dirán. Pienso igualmente que no hay mayor entusiasmo que podemos arrastrar con nosotros mismos cada mañana que el de afrontarla como un nuevo comienzo, con una nueva misión que completar, como una pista en la que avanzar, pisando fuerte y dejando huella. No se trata de convertir la autoexigencia en una obsesión, pero particularmente no me perdono que pase un día o, en todo caso una semana, sin hacer examen de conciencia, análisis de situación, y verificar si he dado o no lo mejor de mí. Creo que es algo igualmente inherente a quienes mantenemos la rutina de ejercitarnos en deportes super competitivos como el boxeo.

No hay emprendimiento real si no hay pasión adherida a la iniciativa, pero, al tiempo (y sin que en modo alguno pueda ser entendido como una paradoja), como emprendedor me he considerado siempre una suerte de jugador de ajedrez: separándome del tablero y las fichas, leyendo la siguiente jugada, y la que podrá sucederse diez movimientos después. La mente, siempre fría. No nos engañemos: ¡hay en juego dinero! En ocasiones, mucho… y esta concepción y predisposición para llevar a cabo las actuaciones requiere, sin duda, de salud y bienestar emocional. Sin ello, el diseño de cualquier estrategia se asoma al precipicio del desastre.

Diría más, hay en mi opinión bastantes similitudes y actitudes extrapolables si ponemos, uno junto a otro, a un jugador y al emprendedor que se convierte en CEO de una compañía.

El ajedrecista arriesga, toma la iniciativa, pero siempre lo hace ayudado de múltiples habilidades que desarrolla a partir del estudio, de la práctica y la experiencia. Como el hombre de negocios, intenta predecir los requiebros de sus rivales, la competencia, y de una manera casi constante, piensa bajo presión, actúa intentando aplicar la lógica y, sin duda, procurando calcular las consecuencias, de las más cercanas a las más lejanas, de sus decisiones.

Desde luego no es tarea sencilla pero tampoco una utopía: simplemente si aplicásemos algo de la filosofía de los grandes campeones, creo que podríamos avanzar en nuestro rendimiento personal y laboral.

Kenneth Rogoff, profesor de economía y miembro del Fondo Monetario Internacional, era un gran jugador, y contaba una y otra vez que, en sus negociaciones, eso le permitía entender qué quería quien se sentaba enfrente. Un gran campeón español, Miguel Illescas, ha señalado de hecho que, en el mundo de los negocios es fundamental observar y comprender todo lo que está sucediendo a nuestro alrededor, y ese hábito analítico es algo que el ajedrez enseña muy bien. En efecto, pienso que hay juegos que pueden ayudar a pensar de manera muy sistemática, y esa siempre es una magnífica recompensa.

Emprender significa responder al pistoletazo de salida, pero, igualmente o más importante, reaccionar a los contratiempos a sabiendas de que son lo que son: una parte casi ineludible del devenir de los negocios y que hemos de contemplar, en consecuencia, desde el momento que arrancamos, desde el instante en el que nos calzamos y anudamos las zapatillas, desde los tacos.

Se ha dicho, y no puedo estar más de acuerdo, que los emprendedores asumimos un doble riesgo. El primero es hundir el barco, esto es, que no marche bien, tal y como estaba previsto en nuestros planes. El segundo es perder el barco, es decir, no hacer lo correcto para que pueda seguir su rumbo de acuerdo con la carta de navegación.

Hay algo, en esta línea, que me parece imprescindible dejar meridianamente claro. Cuando se habla de los riesgos que asume el emprendedor y que están en su cabeza, el primero de ellos es el de haber invertido una cantidad de dinero, sea grande o pequeña, que no sea posible recuperar. Otro de ellos es el de la imposibilidad de solucionar circunstancias coyunturales adversas, crisis, sean cuales sean sus causas.

Hay un tercero, vital, que quizá no trasciende socialmente lo suficiente: no es otro que el de poner en riesgo la estabilidad de nuestro propio entorno familiar y de amistades, especialmente para quienes creemos en él y lo consideramos una base imprescindible de nuestro propio desarrollo y carácter.

Emprender es algo fascinante. Ahora bien, para empezar, no puedo sino suscribir las palabras de Richard Branson: "si la única razón por la que se va a montar un negocio es pensando en los ingresos, es mejor no hacer nada". El tiempo no perdona, es un regalo que otros ya no tienen. No debemos perderlo. ¡Seamos selectivos! ¡Vivamos el momento!

Hay que equivocarse pronto y barato

Volviendo un momento al tablero, al juego y el deporte, hay una frase tan simple, como directa y verdadera del campeón del mundo de ajedrez Capablanca, con la que un sinfín de empresarios nos podríamos sentir en algún grado identificados. Si se me permite la ironía, especialmente aquellos que no somos perfectos: "nunca he aprendido tanto como de la mayoría de mis derrotas".

Es así. La autocrítica es una gran virtud y una mayor fuerza en sí misma de lo que probablemente podemos imaginar. Lo importante no es no cometer errores, sino ser consciente de ellos para poder corregirlos en el futuro y desterrarlos por completo al rincón más lejano. El filántropo George Soros lo ha expresado de una manera brillante y rotunda: "Solo soy rico porque sé cuándo me equivoco. Básicamente he sobrevivido al ser consciente de mis errores". Este multimillonario es de la idea de que cuando peor parezca la situación, menos esfuerzo es necesario para cambiarla y mayor potencial de ascenso posee. ¿Estamos de acuerdo con este planteamiento? ¿Puede ser un punto de partida, si queremos filosófico, estimulante?

Hay tantas causas como consecuencias del fracaso en los negocios. Infinitas. O casi. En la empresa y en la vida. Pero lo realmente decisivo, a mi modo de ver, es la forma que tiene cada ser humano de enfrentarlos. Y sobreponerse. Ante los vaivenes se reacciona con autoestima, eso en primera instancia. No siempre es sencillo aceptar que se ha errado. En demasiadas ocasiones, quizá, se echa la culpa a terceros o al tendido y, por descontado, hay fracasos de todo tamaño. Algunos te hacen perder un poco de tiempo y dinero, son una distracción. Otros te llevan directamente a la quiebra. Pero todos deberían conducirte a las estribaciones de la reflexión. No porque hayas transitado la autopista equivocada sino, en algunos casos, porque se han producido cambios en el mercado o en la competencia que simplemente no has sabido ver. Y eso, aun habiendo diseñado un meticuloso plan de negocio, contando con cualificados asesores y redoblando tus esfuerzos. Los negocios no son pura matemática ni quedan tabulados al estilo de la tabla de los elementos químicos.

Nadie está libre de equivocarse, incluso una y otra vez. A veces nuestras percepciones no se ajustan a la realidad, o nuestras expectativas se salen de los límites de lo razonable, o no atinamos ajustando nuestras necesidades… en definitiva, no calibramos adecuadamente por dónde va el cliente.

Hay que ser honestos, siempre, pero ¿debe llevarnos la adversidad a la ira, al resentimiento, a la depresión, a un círculo psicológico vicioso de autoflagelación o, por el contrario, a retomar lo antes posible la senda correcta tras superar las fases de aceptación y liberación? La pregunta, obviamente, es retórica.

No hay nada más importante, y tiene poco de juego de palabras, que saber distinguir entre fracasar y ser un fracasado: es el proyecto el que fracasa, no el emprendedor el que se convierte en un fracasado cuando la idea que ha alumbrado no sale adelante y debe ser abortada. Entenderlo es una cuestión de mentalidad y de enfoque. Basta solo con comprender que lo que puede parecer el final del trayecto es en realidad una desviación de la meta principal. Así ocurre más veces seguramente de las que imaginamos.

No sirve de consuelo, en modo alguno; pero sí debería servir de acicate. Walt Disney comenzó su carrera profesional trabajando para un periódico del que fue despedido porque no alcanzaba la creatividad que de él se esperaba. Tampoco su primera incursión en la animación funcionó. No le fue mucho mejor a Bill Gates, que se aventuró con una empresa dedicada al procesamiento y el análisis de datos hasta que la llevó a la bancarrota en un desastre sin paliativos. Ahora, no solo ha logrado convertirse en la mayor fortuna nunca antes conocida sobre la faz de la Tierra, sino que cualquier palabra que pronuncia, véase sus profecías sobre el COVID-19, es tenida en cuenta como si se tratase de una emisión del oráculo de Delfos.

Hasta los genios que han pasado a la historia, no solamente por la originalidad de sus compañías sino por su multimillonario valor, en algún momento sufrieron un revés. Podrían haberse resignado y haber tirado la toalla. No lo hicieron. Se recuperaron, redefinieron sus metas, seguramente sin necesidad de viajar a las antípodas, y extrajeron las lecciones oportunas para volver a lo grande por caminos similares a los que previamente los habían llevado a la ruina y sacado del cuadrilátero. Cambiaron nuestra forma de entender el mundo, incluso nuestra forma de vida.

Creo, a riesgo de exagerar, que puede colegirse que el fracaso va en el ADN de los emprendedores. Sé que cuesta expresarlo en un país como el nuestro, en el que se castiga, incluso en el entorno social y familiar, o está mal visto; hasta se puede llegar a pagar eternamente. Por eso suelo reiterar con cierta sorna cuando me encuentro ante jóvenes que están empezando que hay que equivocarse pronto y barato. Eso sí, igualmente añado que, cuando se pone en marcha una empresa emergente, no se gana dinero al día siguiente, y para eso deben estar preparados: es duro, pero es así. Soy un amante de la velocidad, pero no de las prisas. Hay una gran diferencia y me temo que cualquiera, al menos sobre el papel, la entiende.

España es España, y estamos aún embebidos de una cultura que nos predispone enormemente a un concepto de seguridad que va asociado a un trabajo fijo, a unos ingresos fijos… el clásico funcionariado a mi modo de ver tan absolutamente respetable como, en cierto grado, conformista.

Esa ha sido nuestra educación, no nos engañemos, alejada del atrevimiento y la experimentación, en el mejor sentido del término. Una formación que ha reforzado nuestro pensamiento positivo en aquello que está en nuestras manos y un cierto miedo, o un gran miedo, a aquello que inevitablemente está fuera de nuestro control, flotando en el aire, a lo que no sabemos si podremos dar caza. En ese entorno y bajo esas coordenadas, hemos de saber ser nosotros mismos. ¿Qué significa eso? En mi opinión, dejar a un lado la frustración y el pesimismo a los que nunca nos aferramos porque nada bueno traen, salvo el bloqueo mental, para buscar la calma y pensar con claridad. Eso no se traduce en huir o encubrir lo que no ha funcionado sino, al contrario, en crear las condiciones para poder analizarlo con frialdad y distancia, generar nuevas habilidades en uno mismo, depurar ideas y modelos de negocio y configurar un plan para el futuro.

No siempre es fácil, eso es evidente. Pero hemos de luchar para no dejarnos ganar por la tristeza, por la angustia o por el sentimiento de culpa. Aprender que el pasado no se puede cambiar es el primer paso para levantarse rápido y volver a correr, después de haber logrado un equilibrio entre la acción que necesitamos acometer y la capacidad de análisis que nos debe ayudar a no ser reincidentes. Podemos perder una batalla, o dos, o tres… pero lo primordial es no perder la guerra. ¡Resistencia!

Pensemos algo. Incluso las grandes compañías pueden caer. Incluso los gigantes, al margen del sector en el que operen, llevan a cabo profundos cambios en su organización y en su estrategia que terminan afectando al último de sus colaboradores y llegan hasta a la primera silla del consejo de administración. Situemos el debate en lo organizacional pero también en lo estrictamente personal. Siempre he creído que hay un factor que hay que desterrar de cualquier ecuación, porque su inclusión da como producto el fracaso, la caída, el retroceso… hablo del miedo. El temor es una emoción que se plasma en una intensa sensación desagradable provocada por la percepción de un peligro, real o supuesto. Y ese peligro puede ser presente, futuro o incluso pasado. Es precisamente por ello que el miedo, con frecuencia, no guarda relación con el peligro real, pero puede terminar por asfixiarnos y noquearnos, haciendo imposible que nos levantemos de la lona.

Lo verdaderamente llamativo, lo paradójico es pensar acerca de cómo desarrollamos esa sensación, porque nos sorprenderíamos. Entendemos comúnmente que las personas tememos únicamente la derrota, pero ¿no conoces a nadie que tenga miedo a exponerse a los demás? ¿a brillar y sobresalir? ¿a ser señalado incluso por sus virtudes? ¿al qué dirán, aunque lo dicho no sea estrictamente negativo?

No concibo en la figura de un líder que no esté inscrita la virtud de recuperar la ropa después de la tormenta. Es la persona al frente de una organización la que tiene precisamente que abominar de la cultura del miedo a ser culpable, la que tiene que hacer que sus inferiores trabajen más sobre el qué ocurrió mal, que sobre el quién lo hizo. Desde luego, es la persona que debe evitar por anticipado daños o paliar los que puedan aflorar antes de que hayan adquirido un tinte trágico o irreversible.

Es vital contar con personas, en lo alto de la pirámide, que sean capaces de entender que la crisis no debe irremediablemente conducir al declive. Al contrario, debe ser una ventana, en medio de terribles dificultades —es absurdo negar la realidad— para responder, recuperarse y seguir adelante, prosperando.

Hablamos de gestión de la continuidad, hablamos de emerger más fuertes, hablamos de adaptación para la supervivencia y de no dejar nunca de generar impacto. Toda crisis tiene un lado muy humano, y nos pone ante el espejo midiendo nuestra capacidad para mantener o elevar nuestro rendimiento, con el riesgo siempre a considerar —y contra el que denodadamente luchar— de la derrota.

¡Seamos pacientes! ¡En toda circunstancia! Vayamos paso a paso por única que sea nuestra ambición: Roma no se construyó en un solo día. Confiemos en nosotros mismos sin caer en la complacencia o la relajación. Y miremos más allá de las corazonadas o, en todo caso, canalizando estas como verdaderos científicos, diseccionándolas con bisturí, exhibiendo autocontrol, con la idea siempre fresca de que la imprevisión no es buena compañera de viaje.

Y, por encima de esas consideraciones, démosle unas vueltas al aforismo del viejo Henry Ford, que entendió el fracaso simplemente como la oportunidad de comenzar de nuevo, esta vez de forma más inteligente. Pues eso, relativizar y aprender. Sin parar. Si es necesario un reiniciar para avanzar, ¡hagámoslo!

No olvidemos nunca que los cambios son a veces actos de necesidad, otros de convicción, pero como regla, y por encima de todo, suelen ser actos de valentía. Adaptémonos, sí. Pero no renunciemos a ser lo que somos, a nuestra esencia, a nuestros poderes y nuestras especialidades. Ahí reside el verdadero combustible de la automotivación y de la renovación. ¡No te pares! Un hoy sin crecimiento, sin movimiento, es un mañana sin evolución.

La conexión de lo inconexo

Es un signo de los tiempos en la sociedad, en general, y en el entorno laboral, en particular, la ultra competitividad. Es un fenómeno que nos obliga a intentar estar siempre por encima de los demás, y, en mi opinión mucho más relevante, a procurar superarnos a nosotros mismos.

La primera consideración a mi juicio para encarar con garantías esta era, y lo que conlleva, es mantener un estado mental positivo, en el que no nos asalten continuamente las posibles consecuencias negativas de nuestros actos o las cunetas en las que pueden terminar nuestros proyectos profesionales.

Por supuesto, nadie sabe lo que le deparará con exactitud el futuro, a veces tampoco de manera aproximada. Pero hay muchos factores para condicionarlo que hemos de saber manejar, porque están en nuestra mano. Y, desde luego, pensemos siempre que tanto lo bueno como lo malo que pueda cernirse sobre nuestros proyectos tiene su valor circunstancial: el definitivo lo da la interpretación que hagamos de ello y las enseñanzas que extraigamos en el medio plazo. Huyamos siempre de los círculos del pensamiento negativo, fuguémonos de la espiral viciosa.

La confianza en uno mismo es esencial para prosperar, y eso significa saber con certeza cuáles son tus limitaciones y, por consiguiente, recurrir a quienes nos pueden aconsejar o tutelar para alcanzar nuestros objetivos, a ser posible realistas y no inalcanzables.

El empresario tiene una capacidad innata para crear y transformar realidades sociales, aunque a veces pensemos que solo opera en el plano económico y financiero. Y esa inclinación a la transformación bebe de unas fuentes y brota de algún tipo de inspiración, de estímulo, de referencia a partir de la cual germinan las ideas y, a posteriori, los planes más fríos y estructurados.

Suele decirse, y estoy de acuerdo, que la creatividad es la virtud que tienen ciertas personas de conectar lo aparentemente desconectado. Pensemos que nada es totalmente original y que el proceso creativo requiere de influencias. Esto ocurre en todos los campos. Pensemos, por ejemplo, en el literario o en el plástico, sea a través de la escultura o la pintura. En este último he descubierto recientemente al joven madrileño Miguel Caravaca. Me fascinó por la huella y los trazos en su magnífica y emergente obra de Picasso o Dalí.

Pero la inspiración del empresario, a diferencia de la del artista plástico, es mucho más tangible, menos metafísica o mística o aproximada a un concepto romántico. La inspiración puede estar en el *feedback* que nos den clientes, proveedores, o socios comerciales en sus opiniones y perspectivas, e igualmente en acciones que estén llevando o hayan llevado a cabo nuestros competidores. Hay quien encuentra la inspiración caminando por la naturaleza, lejos de la vida urbana, descongestionando la mente; o viajando, contemplando realidades alejadas de la rutina del día a día; o en el arte, hallando tras las grandes creaciones sorpresas y descubrimientos; o en la lectura, de donde brota un sinfín de ideas…

Como simple ejemplo y vivencia personal, pensemos en lo que significa una semana de alto rendimiento, de agenda echando humo en el corazón financiero de Madrid y, llegado el sábado, en lo que representa escapar a la sierra, a la naturaleza pura para bajar pulsaciones, en todos los sentidos. Pero, pensemos algo más: el cambio de esa naturaleza que un fin de semana ofrece una paleta de verdes y marrones entre su vegetación para, al siguiente fin de semana, cubrirse de blanco nuclear. ¡Es mágico!

En el fondo, y a mi modo de ver, la inspiración se convierte en uno de esos mecanismos que, cuando irrumpen, felizmente, nos ponen delante de un desafío sin espacio para la frustración o el pensamiento negativo, y adquieren la fisonomía del caudal. Acertaremos o nos equivocaremos, pero es exactamente esa energía que sabemos cómo y por qué canalizar.

Tal vez pueda pensarse que es este un discurso idealista, y que al final, en el mundo de los números y la empresa, la realidad es tozuda y los guarismos y las hojas de Excel terminan imponiéndose. ¡Qué duda cabe! Pero, sin embargo, en lo que no me voy a cansar de incidir es en esos estados de ánimo que propician que avancemos en nuestros planes, en nuestras acciones y decisiones, dejando al margen cualquier forma de bloqueo mental y permitiéndonos mantener la concentración y el foco.

Siempre me ha parecido que, si no hay curiosidad, una combinación de puntos de vista, el nuestro y el que nos proporcionan personas de confianza en nuestro entorno, es imposible obtener grandes resultados. Y, aún más, tampoco entiendo un proyecto si no hay detrás una fuerza relacionada con el inconformismo o incluso el desagrado en relación con lo que encontramos en el mercado.

Todos habremos oído, o incluso leído en un concesionario, impresionado en la pared, el aforismo de Ferdinand Porsche: "no pude encontrar el coche deportivo de mis sueños, así que decidí construirlo yo mismo". ¿Puede existir más motivadora línea de salida?

El talento, combustible y motor corporativo

A nadie se le pasa por alto que cuando a un niño se le pregunta, al tener este una mínima conciencia, por su profesión de mayor, indirectamente hace una valoración —por pueril o primitiva o instintiva que sea— no solo de sus aspiraciones, impulso o ensoñaciones sino sobre las propias habilidades, capacidades y hasta talento que será capaz de desarrollar y profesionalmente desplegar.

Cualquier persona, y desde luego toda aquella con madera emprendedora, deberá ser especialmente autocrítica, realista, definiendo y dibujando con cierta precisión los contornos de su talento y sus posibilidades al ponerse al frente de una compañía cuyo fin es, de una u otra forma, vender un producto u ofertar un servicio. Nada más, pero nada menos. *Business is business.* Y, en este punto de salida, hemos de ser especialmente realistas. Ya Ludwig Wittgenstein, el filósofo del lenguaje, sostenía que "querer pensar es una cosa, y otra muy distinta tener talento para hacerlo".

Parece obvio que el secreto para triunfar pasa o debe pasar, sí o sí, por el talento. ¿Lo es en realidad? Tengo una idea bastante similar a la de Mark Twain, que entendía que "el secreto para progresar es empezar por algún lugar. El secreto para empezar por algún lugar es fragmentar tus complejas y abrumadoras tareas, de tal manera que queden convertidas en pequeñas tareas que puedas realizar, y entonces simplemente comenzar por la primera".

Está en los manuales de psicología, y no creo que pueda discutirse, que la opinión que tenemos de nosotros mismos afecta en profundidad al estilo de gobernar nuestra propia vida. Hay una mentalidad fija, que bien puede terminar desembocando en la mediocridad; y una mentalidad en movimiento, que potencia todo aquello que interiormente nos hace crecer, y que tiene como base el aprendizaje y el esfuerzo. Y esos procesos, qué duda cabe, tienen que ser conscientes, deliberados, aunque pensemos que escapan a nuestro control y se suceden por simple inercia.

Ahora bien, llevando la reflexión del plano individual al colectivo, ¿hay mayor reto y, al mismo tiempo, mayor objetivo de una empresa que el de captar y retener el talento? ¿No es el capital humano el motor y, simultáneamente, el combustible de la compañía? ¿No es este el que puede aportar una mejora constante a la organización para conseguir y maximizar beneficios, empezando lógicamente por los económicos?

Las virtudes pueden surgir en el vacío, ser innatas, pero no se desarrollan sino en sociedad, donde el ser humano vive y convive. Y, a los efectos a los que nos referimos, en un ambiente profesional que incide directamente sobre cada individuo.

Todo cambia cuando en ese entorno hay comunicación transversal y fluida, sin secretismos, sin rumores ni desconfianza, cuando impera la honestidad y la transparencia. Es la mejor vía de obtener conexión, implicación, compromiso. Es en este marco, y no en otro, en el que suelen darse y se dan las oportunidades de promoción. ¿Puede haber mayor enemigo para la explotación del talento que el de un microclima en el que reina el estancamiento, en el que se impone el encefalograma plano y cuesta localizar, por estar tan escondida, la sustancia gris?

Cada día queda igualmente más claro, por las altísimas exigencias del mercado casi en cualquier sector, que las empresas con una cultura fuerte, arraigada, bien definida en su visión, su misión y valores, son más capaces de retener a los mejores, a quienes más beneficios tangibles e intangibles aportan, potenciando su crecimiento y prestando una gran atención a la formación, algo que en otros compases históricos se ha llegado a considerar hasta una pérdida de tiempo. ¡Increíble!

Con frecuencia, personas con cualidades suficientes para escalar y que suman años de experiencia en una misma compañía lamentan, y con razón, que haya directivos que tiendan a ver más el talento externo que el interno. Y no suele obedecer esta reacción a un simple calentamiento, porque en demasiadas ocasiones se relega a un segundo plano, o se deja de ascender, a aquellos empleados que disponen de competencias que, además, pueden ser útiles en numerosos puestos, cargos o responsabilidades dentro del organigrama, precisamente por conocerlo: toda empresa debería saber detectar y aprovechar a estos trabajadores, con más frecuencia de la deseable, ocultos o invisibles, que demuestran actitud, saber estar y saber hacer. Naturalmente hay pocas cosas mejores para el cuadro directivo de una firma que el de mirar abajo y a los lados y comprobar que hay, cristalizado, un perceptible sentido de pertenencia y un espíritu de jugar en equipo. Es francamente motivador, es imprescindible para trabajar con garantías la marca y aporta un valor corporativo dificilísimo de calcular pero que, dado el estímulo, hace casi imposibles los fenómenos de malestar o abandono de los empleados.

Hay otro punto capital que no es mera pose, ni una cuestión estética, y es la inclinación que tiene la organización empresarial a brindar posibilidades reales de formación continua y aprendizaje, siempre que esta, como es obvio, esté adecuadamente programada.

Es crucial que el trabajador dispuesto y con capacidad para desarrollar su talento perciba que se desenvuelve en un entorno vivo, despierto, inquieto, competitivo, de ambición sana, nada que ver con la guerra de codazos, la murmuración y los cuchicheos o la dinámica de pisar cabezas. Es esto lo que le hará no ver nunca el techo del progreso y le aporte un beneficio constante que va más allá de su sueldo.

Las bondades de la formación para potenciar el talento son, por otra parte, indiscutibles. Desde favorecer la igualdad de oportunidades, hasta permitirle al empleado prepararse mejor para la toma de decisiones y la solución de problemas (aumentando su independencia y estimulando su confianza), pasando por elevar el nivel de satisfacción en el puesto de trabajo y ayudar a la integración en la empresa.

De forma indirecta, además, a mi modo de ver es clarísimo que la formación es una herramienta para incrementar la polivalencia de nuestros recursos humanos y, por consiguiente, de allanar su propia y tantas veces necesaria movilidad. Así lo contemplo y así lo he venido aplicando en el ejercicio de mis responsabilidades.

El talento tiene un componente que podemos asociar parcialmente a lo congénito, pero es un músculo que hay que trabajar. No me cabe la menor duda, y, aun así, de que su resultado y la forma en que se materializa depende de que dispongamos de ciertas habilidades para manejarlo, y de ciertas herramientas. Una de ellas, y sobre la que incido habitualmente en las sesiones de *coaching,* es la intuición, absolutamente crucial para cualquier empresario. Ese mecanismo no es únicamente el que nos va a permitir acercarnos a la realidad y conocerla de un modo superior, sino el que nos va a posibilitar juzgar si una determinada acción o conjunto de acciones o un camino que decidamos recorrer es el adecuado o no.

El talento, en efecto, va asociado a esa serie de juicios que son veloces, que en ocasiones no son del todo conscientes y que no son estrictamente racionales, sino que incluyen elementos de tipo emocional. Nunca he visto la intuición como algo antagónico al razonamiento sino como algo complementario, necesario, un valor añadido y un rasgo, en su máxima expresión, probablemente al alcance de menos personas de las que pensamos.

En numerosos ámbitos de nuestra vida, en circunstancias muy diferentes, nos hemos parado a reflexionar, antes de seguir. Hemos tenido una intuición, incluso —si se me permite la expresión— una corazonada, y en ese cruce de carreteras la cuestión ha sido. ¿Debo seguirla o rechazarla? ¿Tendré una simple sospecha infundada o acertaré? ¿Será esa intuición un puente para la creatividad, para dar en la diana…? o, por el contrario, ¿será una piedra, un factor bloqueante en el desafío que encaro? ¿Me apresuro o sigo meditando?

La miremos de una forma u otra, mi idea clara es que la intuición no va asociada a los golpes de suerte, o a la denominada baraka, sino que va asociada al talento y a la propia acumulación de conocimientos y de experiencia; es decir, va de suyo, porque es el proceso natural, que mejore y se perfeccione con el paso del tiempo y no que se deteriore, se pierda o se malogre.

Quiero añadir algo más sobre la gestión del talento. En tiempos azuzados por la pandemia del COVID-19, en los que se demanda especialmente solidaridad, colaboración, cooperación… debemos ser especialmente sensibles a cómo nuestras expectativas sobre los demás pueden condicionar su actuación en positivo o en sentido inverso.

Si nos orientamos a ver el talento en el otro, a sacar lo mejor del otro, si nos rebelamos contra la negatividad y la toxicidad del pesimista, si no nos bloqueamos mirando al cielo ante las previsiones de tormenta, si llevamos los egos a una esquina sacándolos del centro del tablero… entonces casi todo podrá estar a nuestro alcance y nunca entraremos en contacto con la mediocridad. ¡Es posible!

Dame un punto de apoyo y...

No creo que se trate de una tendencia o una moda pasajera, como las olas que vienen y van. El peso de la motivación en los resultados que el hombre obtiene en su vida pienso que es altísimo e inalterable; si se me permite la expresión, desde Atapuerca. No pienso que de repente se haya convertido en un factor clave para la eficacia empresarial y la permanencia de las compañías en el mercado. ¡Siempre lo ha sido!

La motivación va indisolublemente unida a la esperanza, que es el sueño del hombre despierto. Necesitamos creer en aquello que esperamos. Y necesitamos de esa esperanza que, como ya señalaba Ovidio, y en las circunstancias más funestas, "hace que agite el náufrago sus brazos en medio de las aguas, aun cuando no vea tierra por ningún lado".

Es cierto que, hoy, los departamentos de recursos humanos de cualquier firma mediana o grande, independientemente del sector productivo, están otorgando una tremenda relevancia a la gestión del talento, y están potenciando la humanización de la empresa ante la irrupción de los avances tecnológicos en general, y de la robótica y la inteligencia artificial en particular.

En este sentido, es una magnífica noticia que desde arriba se esté trabajando en metodologías que resulten estimulantes para los empleados, creando un clima positivo que sea compartido por el máximo número posible de personas y, lo más importante, que sea inconscientemente interiorizado, asumido con naturalidad y fluidez.

Sin caer en una expresión que pueda parecer manida, la motivación se ha profesionalizado. No solamente se intenta medir, cada día más, cómo puede afectar a la ejecución de las labores, a la productividad, sino que se hace un seguimiento individual de cada departamento para calibrar cómo anímicamente puntúa. Es un principio de actuación que ha arraigado hace años en Estados Unidos y que en España será moneda de uso corriente en poco. Al tiempo.

Es muy raro que alguien trabaje aisladamente, desconectado al 90 % o al 95 % en una estructura empresarial. Por eso es primordial entender que el trabajo en equipo no consiste únicamente en la ejecución de una serie de tareas conjuntas, más o menos coordinadas. Es algo más amplio y profundo. Por un lado, y de un modo u otro, debe procurar la total identificación de los trabajadores con su firma: es el denominado sentimiento y hasta orgullo de pertenencia. De otro, debe tener como horizonte la optimización de las habilidades personales, una por una, uno por uno. Como en tantos casos, de poco sirve que esta mentalidad y esta forma de proceder se intente instalar en una compañía sin la presencia superior de un auténtico líder. Sin la definición clara y detallada de las metas a alcanzar, sin un trazo despejado de los tiempos para la consecución de las misiones, difícilmente la motivación podrá alcanzar picos en las distintas áreas que conforman y representan a una firma.

Hay una deriva que a mí me parece especialmente interesante para aplicar a los cuerpos empresariales, que es la que ha llevado a emplear el *mindfulness* como terapia con infinitas posibilidades de aplicación. Sin entrar en modo zen, valga la expresión, ¿acaso tener concentración plena, disponer de capacidad para tomar conciencia y responsabilizarse del presente es algo que estorbe, cuando se consigue, a una organización dedicada a producir riqueza, directamente material e indirectamente social?

Creo, desde luego, que nos topamos aquí felizmente con una herramienta que puede acompañar, mucho y bien, a la transformación cultural de la empresa, con un enorme impacto y potencial que va más allá de lo que pudiera significar una mera técnica de meditación y gestión del estrés. ¿A qué empresario no le gusta disponer de una plantilla en la que sabe o intuye que cada cual responde de sí mismo y con garantías ante situaciones emocionalmente complicadas o adversas, priorizando lo urgente y lo importante en todas las esferas de su vida, sea la íntima, la familiar, la social o la propiamente laboral?

Y hay, en este sentido, un aspecto más en el que vale la pena incidir. Es la propia marca la que va a tener interés en ampliar su reputación por la manera de motivar a sus integrantes, porque es esta una palanca más que termina condicionando el resultado de las políticas de responsabilidad corporativa. Así, cada equis tiempo saltan a los titulares de las otras páginas salmón, hoy a los portales económicos y financieros de referencia, los *rankings* de aquellas que más motivan a sus empleados: por la alta remuneración, por la flexibilidad para conciliar vida laboral y familiar, por el buen ambiente entre compañeros.

El hecho cierto es que consultores y expertos independientes, y no puedo estar más de acuerdo, coinciden en la pujanza del llamado salario emocional. Así, y más allá de los honorarios, se valora la gestión del talento y la proyección profesional; junto a ello, los beneficios sociales, las posibilidades de formación y las propias acciones de voluntariado en las que se involucra a la plantilla.

Sí, el planteamiento puede resultar *a priori* idealista. Pero es el que lleva, año tras año, a tecnológicas como Google, Twitter, Facebook o LinkedIn a ser los lugares de trabajo más deseados, desplazando a quienes tradicionalmente habían estado en el podio de los más cotizados, como tradicionalmente era el caso de Coca-Cola.

Hay aquí un aspecto que no podemos perder de vista, que probablemente nos dará cierta perspectiva. Es el circuito en el que ha entrado, en términos laborales, la generación milenial, esos jóvenes nacidos después del 81: impulsivos, consumistas... principal público objetivo de marcas y empresas, entregados al comercio electrónico e inseparables de su *smartphone*.

Hablamos de quienes han crecido a la par que las nuevas tecnologías y que, en términos generales, se adaptan mejor y con mayor rapidez a la innovación, pero que ya no tienen como prioridad o como única prioridad la que ha sido tradicional e incuestionable: un salario alto y un puesto importante.

Huyen de aquellas compañías en las que el jefe lo único que hace es ordenar y el empleado, obedecer. Valoran las oportunidades de teletrabajo, la flexibilidad para organizar sus viajes y vacaciones, el trabajo por objetivos y no el que implica la atadura a una silla y un inflexible horario, la implicación en proyectos de valores: se sienten cómodos prestando sus servicios a firmas que comparten sus mismas metas y que creen justas, y consideran que su superior, más allá de las jerarquías verticales, debe ser esencialmente un mentor.

En términos de ejercicio de la responsabilidad, además, los *milenials* son personas que no temen tomar decisiones relevantes, a pesar de que no cuenten con una dilatada experiencia; y con una mentalidad más abierta, dispuestos a probar nuevos métodos para sacar adelante sus tareas. Consideran, en fin, que la vida es demasiado corta como para hacer cosas que no les gustan.

Hay una reflexión que quiero aquí traer a colación, más si cabe en tiempos en los que tantos esquemas mentales han cambiado ante los desafíos de la pandemia del coronavirus. Me refiero a la que me suscita, en numerosas situaciones, el conocido como efecto Pigmalión, y que tiene que ver directa o indirectamente con la motivación y la capacidad de hacer que sucedan cosas. Se conoce así a la influencia que una persona puede ejercer sobre otra, basada en la imagen que tiene de ella: tus creencias pueden influir en el rendimiento del otro. Creer en algo puede hacer que ese algo acabe sucediendo, no de una manera mágica sino mediante las acciones que llevamos a cabo. ¿Por qué?

Inconscientemente, modificamos nuestra conducta y, por esa vía, nuestros actos terminan desembocando en resultados distintos. Se acelera la confianza, eso desencadena sensaciones de seguridad… ¡y eso se transmite! ¿No estamos hablando de motivación a través de la interacción? ¿No es un bendito efecto contagio?

No creo que tengas la menor duda sobre el hecho de que cuando alguien nos valora, nos anima, nos considera. Somos capaces de alcanzar determinados objetivos que, de otra forma, sería imposible ni acercarse a ellos. Entramos de lleno en el campo de las creencias potenciadoras, que aumentan nuestra autoestima y nuestro rendimiento.

Hay algo más que siempre me parece relevante apostillar hablando de motivación. Me refiero a los cuatro puntos cardinales aplicados al ámbito laboral. En el norte amas tu trabajo y tus ingresos; en el sur detestas tu trabajo y tus ingresos; en el este detestas tu trabajo, pero no tus ingresos; en el oeste amas tu trabajo, pero no tus ingresos. Ahí se resume todo.

Ahí se entiende por qué encontramos siempre, en cada empresa, a empleados con frustración, con ansiedad, con la sensación de que están mirando la vida pasar. Pongamos toda la carne en el asador, de manera consciente y deliberada, sabiendo que podemos llegar al norte. Tengamos nuestra propia brújula, vislumbremos nuestra particular estrella polar, practiquemos el positivismo y miremos adelante. ¡Reaprendamos!

He pensado invariablemente que el mundo cree en quien cree en sí mismo. Se llama autoconfianza, y es la llave del crecimiento personal. Coge esa autovía. Haz que esa creencia domine tu mente, en positivo, con pasión. Focalízate en que es posible esa mejora constante y en que vale la pena no solo el punto de llegada sino la propia travesía.

Nadie puede saber por ti, ni hacerse alto por ti, ni perseguir por ti… nadie puede hacer por ti lo que tú mismo debes hacer. Toma conciencia. Siente. ¡Sé valiente! La existencia de cada uno y sus fuentes de motivación no admiten representantes ni delegados. Son asuntos propios.

Por qué a mí,
por qué ahora

Hay pocas acciones más relevantes para sacar adelante un proyecto empresarial que la captación de fondos. Es la base de la pirámide. Los cimientos. Sin capital ni inversión, de poco vale que hayamos hecho germinar en nuestro interior la mejor idea, por rupturista que sea y posibilidades de éxito que tenga en el mercado; y esto, haya sido desarrollada en un momento de oportunidad en el que se pretenda obtener un altísimo beneficio en un escaso periodo de tiempo o se trate, por el contrario, de una bombilla que enciende un proyecto estratégico esbozado para décadas, con un sentido más grande.

Como en tantos otros campos en los que juega la economía de mercado, tampoco aquí existen las varitas mágicas, ni es frecuente la figura del superhéroe al que no hay interlocutor que se resista, el viejo embaucador manejando herramientas persuasivas irresistibles, infalibles. Sin embargo, hay una serie de reglas o principios, un método, que entiendo que ayuda y mucho a acometer esta decisiva misión.

Siempre que nos dirigimos a un inversor, ¿nos preguntamos por qué en el fondo debería apoyarnos? Voy más allá de lo que pueden ser técnicas intercambiables, usadas a modo de comodín, de seducción. ¿Somos capaces de responder a la pregunta de por qué marcamos la diferencia con nuestra propuesta? ¿Qué le voy a ofrecer y qué va a ganar la parte a la que quiero involucrar? Vulgarmente hablando, ¿qué le doy?

No cabe duda, desde luego a la luz de mi experiencia, de que, en esta fase, y con más frecuencia de la que pudiéramos imaginar, debemos pensar en los beneficios y el impacto del proyecto no solo en términos económicos, materialistas, ni siquiera de influencia sobre las personas.

Hemos de alumbrar, cada vez más, el camino en el que ese punto de partida conecta con la sociedad en general. En algunos casos, incluso, y aun a riesgo de caer en el idealismo, hemos de plantearnos: ¿puedo cambiar el mundo con un nuevo producto o la prestación de nuevos servicios? ¿por qué? ¿en qué? Y el interrogante que en tantas ocasiones se pone sobre la mesa: ¿por qué antes nadie lo pensó? ¿quizá lo pensó y no cuajó al no existir hueco para él? Y si había hueco, ¿en qué pudo fallar para no seguir adelante? ¿Puedo yo hacerlo mejor? Nunca de forma tan inteligente como en este escenario debemos ponernos en los zapatos del otro. ¿Cuáles son sus inclinaciones y sus apuestas? ¿Cuáles son sus motivaciones y ha sido su registro y sus sectores preferenciales? ¿Qué elementos unen a todo aquello que respalda?

Es un momento este en el que el emprendedor debe ser especialmente creativo, proactivo, tomar la iniciativa. Y, desde luego, en el que debe pensar en grande y con una actitud irremediablemente positiva. Soy un defensor acérrimo de ese *think big*, que creo que tenemos la obligación de inculcar, sí o sí, a nuestros jóvenes, en una mentalidad que han sabido institucionalizar en España, por cierto, fundaciones como la de Telefónica.

Es clave, desde un punto de vista emocional, visualizar ese proyecto único, sea de la índole que sea, cuajando, triunfando, rindiendo y siendo apoyado y volcado sobre sus beneficiarios. Vivirlo así, sentirlo así, es un estímulo en una carrera que en ocasiones puede durar años. Es una suerte de gimnasia mental que empuja en la dirección de obtener aquello por lo que peleamos.

En los últimos años se ha puesto de moda la práctica del boxeo para directivos y altos ejecutivos. En efecto, los que somos amantes del deporte de las dieciséis cuerdas sabemos que consiste en algo más que en dos tipos dándose puñetazos y esquivándolos con movimientos de cabeza. Es un entrenamiento que, sin duda, te ayuda a desarrollar tu fuerza y tu potencia, pero también tus reflejos y agilidad, entre otros muchos beneficios mentales que desata.

En un combate, como en la creación de la empresa, hay una resistencia, hay unos golpes que a veces se encajan incluso de forma continua y que producen un daño. Hay que seguir y seguir. Prevalecer, y trabajar la entereza psicológica. Casi nada en la vida se consigue tras completar un camino de rosas y casi nada actuando como un lobo solitario. Precisamente quiero detenerme en este último punto. Como en tantas otras etapas del desarrollo empresarial, para la fase de atracción de inversores no podemos sino contar con el mejor equipo. Creo poco en el individualismo. Es verdad que la victoria tiene mil padres y la derrota siempre queda huérfana. Pero lo cierto es que rodearte de talentos especiales para atraer capitales, en mi opinión, es ineludible.

No se puede escatimar. Hay que poner toda la carne en el asador, como el contrarrelojista, no desde que da la primera pedalada y baja la rampa de salida sino, incluso antes, en el precalentamiento que no siempre sucede bajo el foco de las cámaras de televisión.

¿Cuándo no se necesita un complemento? ¿Cuándo no es inevitable o incluso aconsejable delegar? ¿Pensamos lo suficiente entre la imagen que proyecta a los ojos de un inversor un líder aislado de la que puede generar ese mismo hombre o mujer rodeado de un equipo sólido, unido, compacto? En efecto, la diferencia puede llegar a ser abismal.

Es algo que se aplica en política, y especialmente en política internacional. Lo relevante no es sólo quién eres tú como Estado (Francia, Colombia, Nigeria, India…) sino con quién te presentas en la sociedad internacional: quiénes son tus aliados, quiénes van a la guerra contigo y por qué, cuál es la causa compartida.

El captador de fondos necesita atraer perfiles complementarios y, por emplear una expresión gráfica, trabajar con numerosas pantallas abiertas, como el bróker en su despacho. Hacer continuamente recogida de datos, análisis y prospección en tiempo real. Está de un lado el rastreo de los eventuales inversores, la presentación ante cada uno de ellos, que puede pivotar sobre elementos y focos de seducción bien distintos, el examen profundo del plan de negocios… solo de esta forma, a través de un empuje coral, es posible verdaderamente darle forma y sentido a nuestra propuesta, hacerla brotar.

Dice el clásico popular que detrás de un gran hombre, hay siempre una gran mujer. Yo digo, o añado: detrás de un gran líder, hay siempre un gran equipo.

Entre la armonía y la adicción

Conozco a pocas personas que, por escaso que sea el nivel de ahorros del que disponen, no se hayan preguntado en alguna ocasión: ¿cómo podría poner el dinero a trabajar para generar más? Claro está, ¡sin perderlo!

La inversión es todo un arte, de ahí que no sea sencillo ni tenga por qué estar al alcance de todos, y que no sea fácil perfeccionar las habilidades para desarrollarlo. Y, como en el arte, hay estrategias y técnicas que se utilizaban en el pasado y aún se siguen empleando. Cambia el entorno y las circunstancias, los condicionantes, las modas vienen y van… y hay que saber cuándo subirse a ellas y cuándo apearse. Desde luego, hay una diferencia abismal entre llevar a cabo una modesta inversión a corto plazo, buscando una exigua rentabilidad para unos ahorros que pronto necesitaremos, y emprender otra pensando, por ejemplo, en nuestra jubilación. Es tan sencillo como la distinción, en el mundo de la empresa, de lo estratégico, lo táctico y lo operativo; en otras palabras, el largo, el medio y el corto plazo.

Cada persona, por sus particulares rasgos psicológicos y su contexto material, tiene su propio nivel de riesgo, y sus tiempos: va de entender que el dinero, salvo catástrofe o imprevisto, no debería recuperarse hasta el vencimiento de la inversión; y en ocasiones mantendrá una mezcla de horizontes con distintos estadios temporales para atender a las distintas necesidades que se le presentan; lo que viene a ser un traje a medida, una particular forma también de diversificar.

Una cuestión fundamental es, invariablemente, decidir si podemos tomar determinaciones por nosotros mismos o necesitamos de un asesor independiente que guíe y oriente el destino de nuestros bienes partiendo, a mi entender, de una base universal: hay que desconfiar, de salida, de las inversiones que son demasiado buenas para ser verdaderas; y ser especialmente cauto con los negocios que se ponen en la cresta de la ola por su electrizante recorrido. Añadiría una más: mantente lejos de un producto o un sector que no entiendes.

Qué duda cabe de que cuando prosperas laboralmente, empresarialmente, una de las cuestiones que pones encima de tu mesa, con tu pareja en el caso de una vida compartida, es qué hacemos con esos ingresos, con esos ahorros. En mi opinión, no podemos separar las decisiones que tomamos y que afectan, esencialmente, a la parte material o económica de nuestra vida, de nuestro propio estado emocional.

Una persona que maneja su orgullo en positivo, y lo convierte en autoestima o autoconfianza, tomará decisiones distintas e incluso opuestas de quien maneja ese orgullo en negativo, deviniendo este en soberbia. La primera, probablemente pensará más en mover su capital en términos de equilibrio, de fijar cimientos sólidos y duraderos, conservadores. La segunda quizá apueste más por el riesgo y las emociones fuertes, que pueden traer muchas alegrías o terminar en inesperados conflictos y desatar imprevisibles tormentas. Una persona con una actitud abierta, flexible, receptiva, humilde podrá ser alguien de éxito; y lo podrá ser frente a aquella otra que extiende ilimitadamente su ego, se enroca en su individualismo, se obsesiona con las ganancias mundanas y pierde por el camino compañías maravillosas con las que convivir y compartir este apasionante viaje al que llamamos vida. Algo más: también cuando hemos ganado y queremos seguir haciéndolo, con un efecto multiplicador, hemos de tirar de actitud. Vuelvo a poner en valor a quien permanece despierto frente a quien duerme.

El que tiene una imagen dimensionada de sí mismo, incluso hablando en términos de su riqueza, lo tendrá más fácil, verá el camino más despejado para alcanzar su ideal, también en lo que significa construir y defender una fortuna. El optimista se mueve con el progreso e imprime velocidad y ritmo a los procesos. El pesimista mantiene el vehículo durante demasiado en punto muerto.

Según Warren Buffet:

"Un inversor necesita hacer muy pocas cosas bien si evita grandes errores".
"La regla número uno es no perder dinero nunca, y la segunda, no olvidar la regla número uno".

"Las oportunidades aparecen pocas veces. Cuando llueva oro, sal a la calle con un cesto grande y no con un dedal".

"Nunca invierta en negocios que usted no pueda entender".

"Le diré cómo hacerse rico: cierre las puertas. Sea temeroso cuando otros son codiciosos; sea codicioso cuando otros son temerosos".

"Pon todos tus huevos en una cesta, pero vigila la cesta de cerca".

Vuelva usted pasado mañana

Se ha instalado no solo en España, sino en Europa y en otras partes del mundo, una suerte de populismo antisistema da igual la ideología en la que esté apoyado que bien merece una reflexión porque no se trata de un fenómeno chispeante momentáneo. Ha llevado aparejada esta corriente o movimiento, en los últimos años, una crítica demoledora de los políticos tradicionales por parte de políticos nuevos que, una vez han sustituido a los primeros, han incurrido de manera súbita y muy hipócrita en las prácticas intolerantes y perversas que ellos mismos habían denunciado para auparse al poder. ¿Dónde está el cambio? ¿No se trata de puro engaño ante los mismísimos ojos del pueblo?

No es ociosa la pregunta porque, si no se ha producido la anunciada y prometida transformación o catarsis, el efecto será inmediato. El desencanto se va a multiplicar por parte de unos ciudadanos que se van a sentir —ya lo estamos observando— definitivamente engañados. Y esta es una muy mala noticia para la salud de la democracia y su propio porvenir.

Pero, más allá de este fenómeno, que veremos si ha venido para quedarse o se difuminará en cuestión de cuántos años, hay una mentalidad en el empresario que no ha cambiado y que se resume en una frase: "no queremos ayuda de los políticos, les pedimos solo que no estorben". "Con eso sería suficiente", se remata a veces esta tan cacareada solicitud al poder establecido. ¡Casi un ruego!

Sin duda, una de las críticas más reiteradas y a veces hasta feroces que se plantean a nuestros dirigentes y, por extensión a la administración, es que a los emprendedores solo se les pone piedras en el camino, palos en las ruedas. No hace falta aterrizar en países tercermundistas o en otros de latitudes caribeñas, donde es necesaria la mordida, el soborno, para obtener un contrato público o para acelerar un simple trámite ante el funcionario de turno, por mínimo o bajo que sea su rango.

En nuestro país, la alta regulación, los excesivos cambios normativos y el desbarajuste que se termina formando a veces, en términos competenciales, entre las administraciones estatal, autonómica, provincial y local hace insufrible ya el propio inicio de una actividad empresarial. Y, simplemente, esto no puede ser. Porque puede llegar a agotar incluso a personas dotadas de garra y capacidad para persistir.

La burocracia no tendría, en el año 2021, por qué seguir siendo una losa. ¿Dónde están las bondades de la administración digital? ¿Dónde están los instrumentos modernos, eficaces y rápidos de acceso a la financiación pública, esas inyecciones de recursos tan necesarias en las etapas tempranas de los negocios en las que hay que cumplimentar formalidades que terminan convirtiéndose en una auténtica pesadilla? ¿Llegará el día en que, por fin, las políticas estén orientadas a facilitar la reducción de costes y de cargas fiscales para que se pueda levantar el vuelo sin cargar con plomo en las alas?

El hecho es que a falta y a la espera de unos políticos que no dan la talla (por injustas que sean a veces las generalizaciones), las universidades se están convirtiendo en auténticos viveros de emprendedores, impulsando y desarrollando programas de innovación para recién titulados, profesores e incluso personal de administración y servicios.

Particularmente, pienso que la universidad, y naturalmente la pública, debe convertirse, de forma real y efectiva, en un motor y un catalizador de los cambios que vivimos, asumir verdaderamente un papel activo y visible colaborando, por qué no, con ayuntamientos o directamente con cámaras de comercio y otras instituciones bien asentadas y con raíces.

Tengo el pleno convencimiento de que muy distinto nos iría como país si fomentásemos, desde las aulas, no ya a nivel universitario sino en el propio bachillerato, el surgimiento de un nervio de emprendimiento que azuzase y mejorase la fisonomía del muy dañado hoy mercado laboral. Digo más. Hay compañías que en ocasiones han sido injustamente puestas en la diana y estigmatizadas, y que han agarrado el timón y tirado del carro para facilitar todo cuanto han decidido emprender *startups* que lo tenían todo, salvo el músculo económico. ¡Ahí es nada!

Baste con citar el ejemplo de la *Lanzadera* de Juan Roig, una aceleradora e incubadora de proyectos que mueve ya centenares de iniciativas y fomenta el impulso de un clima y un entorno de inteligencia colectiva.

Su ejemplo ha sido tal que, coincidiendo con la crisis provocada por la COVID-19 no solo siguió prestando soporte a proyectos innovadores, sino que dedicó una parte importante de sus recursos a prestar apoyo financiero y asesoramiento a empresas ya maduras, con tamaños de 40-50 trabajadores y cifras de facturación de más de dos millones de euros. Se alcanzó por compañía hasta el medio millón de euros en financiación de pymes ya consolidadas para ayudarlas, en momentos críticos, a seguir creciendo y creando empleo.

Aún más, la incubadora seleccionó a emprendedores que se habían visto arrastrados por la pandemia para otorgarles un pequeño fondo de 4.000 euros, con un objetivo claro de subsistencia, a la espera de que pudiesen poner en marcha su nuevo negocio y recibir la formación oportuna. Esto, al tiempo que tejía una red de relaciones con multinacionales como PlayStation, Airbus, Volkswagen o Acciona.

Siempre he defendido que los ciudadanos hemos de disfrutar de tanta libertad como sea posible, y que el Estado debe ser tan grande como sea necesario. Ahora bien, lo que es insufrible y disparatado es disponer de estructuras administrativas elefantiásicas que, a la hora de la verdad no dan la talla. ¿Es mucho pedir un cambio?

Guante de seda en puño de carne y hueso

Dice el clásico que la función hace al órgano, o eso se enseña en las cátedras de Derecho. Esto es, así como las necesidades cambian en la sociedad, las empresas desarrollan productos y servicios que se adecuan a aquéllas con el ánimo de darles satisfacción. Y si evoluciona el tejido emprendedor, lo hace naturalmente el propio perfil del empleado, desde el que ocupa el primer lugar del escalafón hasta quien asume las tareas más básicas y simples, que requieren de mucha menos cualificación pero que vienen a completar la maquinaria en su totalidad: del rey al peón, todas las piezas son necesarias sobre el tablero.

Hoy son más valoradas que nunca las denominadas habilidades sociales. Más en el ámbito profesional, pero, igualmente, en la propia vida, entendida comprensivamente. Y ya va una década, al menos, en la que ha cuajado el concepto de empatía. Es verdad que ahora y siempre ha estado en boga lo que viene a evocar, pero en una sociedad tan sumamente individualista, incluso materialista, tiene más mérito la figura de aquel que acredita capacidad para ponerse en el lugar del otro; y esto, en la empresa, tiene una aplicación en áreas tan vitales como la atención al cliente o en tareas tan cotidianas y, en ocasiones decisivas, como las negociaciones. No digamos en lo que representa el trabajo en equipo, en la disposición de aprender de los demás y favorecer la retroalimentación del colectivo. También algo tan discernible como la humildad está jugando un papel especial. Las compañías buscan a personas seguras, optimistas, confiadas, sí, pero no soberbias, porque estas últimas terminan, más pronto que tarde, por convertirse en foco de conflicto: no son precisamente el aceite que lubrica el motor para la alta competición; nunca dejemos caer en saco roto la sabiduría y la fina ironía de Francisco de Quevedo: "la soberbia nunca baja de donde sube, pero siempre cae de donde subió".

El hecho es que vamos dejando atrás el tiempo en el que las firmas, más que menos, se daban por satisfechas por contar con profesionales cualificados que acumularan grandes conocimientos y experiencia, o que fuesen expertos en procesos o gestión o mercados... hay un interés especial por contar con quienes, más allá del currículum, son duchos en la relación con los demás, intra y extramuros; hay, llamémosle así, una demanda de cercanía, de inteligencia social.

En la medida en que empieza a formar parte de la prehistoria la imagen de un líder con mano de hierro, cobra vigor igualmente como virtud la flexibilidad, entendida como la capacidad para adaptarse a las distintas situaciones que se pueden plantear en el seno de una compañía, no siempre positivas, en ocasiones distinguidas por la inestabilidad, y ante las que un profesional de garantías orientado al cambio puede, debe y sabe responder.

Particularmente, no entiendo la flexibilidad de manera aislada, sino ligada a otra serie de rasgos igualmente al alza. Me refiero a la disposición a negociar, a la fuerza creativa, a la propia inclinación, a la innovación… En definitiva, hablamos de una serie de habilidades que terminan generando pensamiento que aporta valor real, que deben o deberían estar siempre abiertas, en mi opinión, a la lluvia o tormenta de ideas, previa canalización y ejecución impecable de las mismas.

Estados Unidos nos lleva distancia en muchos aspectos de lo que significa la gestión empresarial. Siempre ha sido así. Son kilómetros, es decir, décadas de diferencia. No hablo ya de España sino al conjunto de Europa, quizá con la excepción de Reino Unido, por la irrompible conexión del mundo anglosajón y el vínculo transatlántico.

En este sentido, confieso que uno de los puntos fuertes que a mi entender deben sobresalir en un líder es su resiliencia. Es un concepto que ha hecho fortuna, con origen en la física y referencia en la preparación del ser humano para enfrentarse a las hostilidades y no solo superarlas, sino salir fortalecido. No olvidemos que proviene del latín *resilio,* que puede entenderse como "volver atrás" o "dar un salto", como una goma que se estira y deforma y luego vuelve a su estado original.

Ante la crisis, la incertidumbre ante un escenario crítico hay una transformación a positivo de aquel que se manifiesta resiliente, y que lo exhibe en forma de tenacidad, de energía para la superación y de ineludible inclinación al sacrificio. Aquí de nuevo vale la pena traer a colación el símil del deporte de contacto: el encajador podrá mantener el pulso y buscar el momento para golpear y ganar.

Resiliencia es, en gran medida, paciencia y mucho, mucho músculo mental. No puedo estar más de acuerdo con el proverbio persa, de acuerdo con el cual "la paciencia es un árbol de raíz amarga, pero de frutos muy dulces"; o con el aserto de Giacomo Leopardi: "la paciencia es la más heroica de las virtudes, precisamente porque carece de toda apariencia de heroísmo".

En definitiva, las organizaciones excelentes llegan a serlo porque están conformadas por equipos de alto rendimiento. Y, en paralelo, es indiscutible que las habilidades sociales de quienes están encumbrados en los cuadros directivos son una formidable palanca de crecimiento.

Es la comunicación, ¡estúpido!

Tengo la fortuna de contar con algún buen amigo que es periodista, y de contar con algún amigo que es buen periodista. Siempre han sido unos privilegiados, a pesar de, no ser excesivamente conscientes de ello.

Me explico: los comunicadores eran exclusivamente los *gatekeepers* o guardabarreras. Ellos decidían y monopolizaban qué información se difundía y cuál no, y tenían la posición absolutamente dominante, casi única, para opinar y difundir a los cuatro vientos lo que el resto de los mortales hacíamos únicamente en nuestro círculo más cercano, privado o profesional, por amplio que pudiese ser. Nosotros sí y siempre teníamos limitaciones.

Hoy eso no existe ni volverá. No es que se haya producido una alteración: el giro ha sido radical. El periodismo ha perdido el monopolio de la comunicación como consecuencia de una revolución tecnológica que ha alcanzado tal calibre que ya no admite la marcha atrás. Cualquier persona, en cualquier continente, es capaz de producir mensajes a través de un simple *smartphone* con conexión a las redes cuya repercusión es global e inmediata, sin cortapisas ni filtros: sin titulación, sin formación en el caso del emisor… por supuesto sin que aquello que está emitiendo sea veraz ni haya sido contrastado.

En efecto, es la amenaza y el riesgo de las noticias falsas. Escribió en su día Iñaki Gabilondo, y a mi entender se trata de una reflexión que me parece particularmente evocadora, que en los momentos en los que hay inundaciones es cuando resulta más complicado encontrar el agua potable.

En una campaña de publicidad de hace unos años, *The New York Times* utilizó el lema "La verdad es ahora más importante que nunca". No puedo estar más de acuerdo. La comunicación ha adquirido un significado nuevo y se ha elevado a cotas (niveles infinitos de interacción entre personas y máquinas) hasta hace décadas insospechadas.

En el ámbito corporativo hay un reflejo claro de este auténtico terremoto. Hay un ejemplo que es lo suficientemente gráfico por sí mismo. Si viésemos el organigrama de las empresas del Ibex 35, hace veinte años, observaríamos que había una figura, la del jefe de prensa, que aparecía entre perdida y difuminada con una responsabilidad mínima en la compañía. Hoy, por el contrario, se ha encumbrado la figura del dircom, que ocupa las posiciones más altas en el cuadro directivo de ese organigrama y que reporta, por lo general y de manera directa, al presidente o el consejero delegado, integrándose en el comité de dirección. No solamente eso, sino que entre los cuadros más altos de los organigramas es la persona escogida, como regla, por su afinidad indiscutible y su confianza casi personal con el líder de la compañía. Por algo será, ¿o no?

La comunicación lleva a mi modo de ver la capacidad de saber escuchar, persuadir, convencer, de ser claro, preciso y conciso, eficaz, útil en el mensaje. Y esto debe predicarse en una organización en múltiples direcciones. Naturalmente a nivel interno, en el ámbito de los empleados. Y de manera fundamental hacia el exterior: no solo pensando en el cliente sino en los *stakeholders,* en los socios.

Por razones de seguridad y de eficacia, tiene su lógica que determinada información sea reservada y no circule de forma completamente abierta desde arriba hacia abajo en una corporación. Pero no es concebible, llevando la falta de transparencia interna hasta el extremo, que los empleados conozcan una y otra vez novedades relevantes, que de una manera directa les conciernen, por la prensa: es un vicio que termina generando desconfianza y hasta levantando murallas chinas; un clamoroso error.

En realidad, concibo la comunicación como un arte que se resume en transmitir la información oportuna en el momento adecuado. Es el aceite que, de acuerdo con sus efectos, puede ayudar a conseguir resultados eficientes o, por el contrario, a ralentizarlos y hasta bloquearlos. ¿Se puede entrenar? Sin duda. ¿Acaso no hay técnicas precisas para mejorar las habilidades oratorias y ensayar, directamente, ejercicios para la práctica de la asertividad? Es evidente que sí, como lo es que hay que trabajarlas y, de una manera rotunda, cambiar el chip. Cuando pensamos en términos de comunicación lo hacemos casi invariablemente en términos del emisor. Pero ¿y el receptor? Paremos un momento el reloj. ¿No nos hemos percatado de que muchas veces oímos, pero no escuchamos, de que muchas veces damos por hecho demasiado sin preguntar antes, de que muchas veces no estamos presentes mentalmente, aunque sí lo estemos físicamente? No hay comunicación si no hay escucha de calidad. Seguro que a partir de ahora te será más asequible interiorizarlo.

Pero quiero ir más allá y entrar en lo que denomino el reto de las conversaciones. Y vas a entender por qué. El lenguaje es la herramienta que hace que sucedan cosas; son las conversaciones las que hacen que esas cosas ocurran y generen movimiento. Una conversación con otra persona, con uno mismo, incluso las que no han tenido lugar. ¿Has pensado en que las que tenemos pendientes son las que más energías nos restan, las que dan lugar a preocupaciones y anticipan juicios que, en algunos casos, pueden ser completamente infundados? ¿Qué hacemos en este último caso? ¿Interiorizamos esas conversaciones y las retenemos *sine die* provocando frustración, o decepción o, cuando la presión es insoportable, explosión? ¿Las intentamos adelantar para hacer que lleguen antes las soluciones y, clave, para ventilar emociones? Evidentemente me refiero a todo tipo de entornos. El profesional, desde luego, pero igualmente el personal y hasta el más íntimo, el que puede tocar al núcleo de una relación de pareja.

El que cree en la comunicación no cree en el escapismo, no delega en los demás para sacudirse el miedo o la falta de confianza, no permite que se acumule la rabia o el malestar, expulsa las toxinas emocionales. Da el primer paso, encara y afronta, y dispone de más posibilidades de ganar. Pero hay algo más. Cuando hacemos referencia a la comunicación, tradicionalmente pensamos en el grafismo de un emisor, un receptor, un canal y un mensaje o contenido. Pero ¿qué hay de la relevancia de las conversaciones internas? ¿Pensamos en los beneficios del autoconocimiento, planteando preguntas en primera persona y respondiendo a ellas de forma serena y reflexiva, sincera? ¿Hemos entrenado esa capacidad y ese mecanismo para analizar la forma en la que hemos respondido, por ejemplo, a situaciones o contextos complicados? Te animo a hacerlo. No como un mero ejercicio teórico, introspectivo, sino como un engranaje que ayuda a tomar la acción, a ponerte en movimiento teniendo claro el foco, el objetivo.

Un penúltimo paso. ¿Has pensado un momento en lo que la comunicación aporta a tu equilibrio y a tu madurez? ¿Has calibrado la sintonía entre tu conversación pública (lo que dices) y tu conversación privada (lo que sientes)? ¿Sabes hasta qué punto una armonía o lo contrario puede redundar en que incrementes tu energía diaria o la dilapides? Valóralo y, sobre todo, practica la gimnasia de la sinceridad contigo mismo.

Quiero dejar, en este sentido, una reflexión más. También en el mundo de la comunicación, los días que corren son no solo vertiginosos sino paradójicos. ¿Cómo es posible que cuando disponemos de más herramientas para la conexión y la conectividad (hombre-hombre, hombre-máquina, máquina–máquina) que nunca, alberguemos continuamente la sensación de aislamiento o, al menos, de falta de socialización? ¿Está la humanidad en una estrategia, incluso física, de repliegue? No se trata de ninguna provocación. No estoy jugando con la ironía. ¿Terminaremos esquivando casi absolutamente el contacto directo con los demás? ¿Con qué beneficios y efectos? ¿Hemos pensado, con la mirada puesta en el fenómeno de las redes sociales, si realmente es lo mismo visibilizar que socializar?

La pregunta es retórica, pero sin entrar en los vericuetos del romanticismo, pensemos un instante. ¿Hemos renunciado al contacto, a mirar a los ojos, a sonreír cara a cara? ¿Estamos creando y aumentando las distancias de seguridad? Te dejo una consideración con la que siempre he comulgado: las personas que expresan sus sentimientos se adaptan mejor a los cambios, y los vientos que soplan son de cambio.

La piedra filosofal del alto rendimiento

Va en la naturaleza humana, ante un problema, intentar sacar fuerzas de flaqueza, utilizar cualquier estímulo que sea válido para remontar; y esto, terminemos por conseguirlo o nos desmoronaremos en la tentativa.

El estrés con frecuencia nos hace rendir menos. Es el efecto del motor completamente pasado de revoluciones que, a pesar del ruido, ni alcanza la máxima velocidad ni potencia; no solo eso, sino que además daña piezas que pueden ser vitales para el funcionamiento de la máquina.

Pero hay una suerte de estrés positivo que es posible interiorizar, metabolizar, desarrollar… y en el que creo ciegamente. Es el que nos llena de energía, el que despeja la tensión tóxica, el que nos carga de vitalidad y termina repercutiendo en una mayor y mejor actividad productiva, y en nuestra propia inversión y apuesta por ideas más innovadoras.

Es un fenómeno psicológico que liga directamente con el control de nuestras emociones, que no solo nos permite, sino que nos anima a salir constantemente de nuestra zona de confort porque nos aporta seguridad, para encarar nuevos desafíos y resolverlos de forma proactiva, aumentando nuestras posibilidades de que sea, además, exitosa.

Es el viejo poder de la mente. ¿Cómo reacciona fisiológicamente nuestro cuerpo cuando tenemos que enfrentarnos a situaciones, personales o profesionales, de una exigencia mayor a la habitual? ¿Nos aceleramos? ¿Nos paralizamos? ¿Visualizamos por anticipado el éxito o el fracaso?

Es el estrés positivo el que incrementa nuestra rapidez en los reflejos, el que nos coloca en alerta, el que nos hace desanudar lo difícilmente desanudable, el que nos hace relativizar la importancia de los problemas o las crisis, el que nos orienta al cambio como sinónimo de progreso y mejora, el que beneficia nuestra propia salud de forma taxativa.

Hay una suerte de voz interior, por sofisticado que pueda parecer el recurso, que potencia ese estrés positivo. En mi caso, en particular, es la voz que me invita a cambiar continuamente de perspectiva para observar todos los ángulos del objeto en el proceso de toma de decisiones. Es la voz que te inclina con frecuencia a apostar por una autopista por la que nunca habías transitado, porque la solución a un problema es original. Es la voz que me marca una exigencia continua y alta conmigo mismo y con mi instinto, porque soy de la idea, claramente, de que cuando hay un nervio, un pulso fuerte en ti, puedes tomar determinaciones con más facilidad.

Pero voy más allá. Hay fórmulas que no puedo sino recomendar para despejar el estrés negativo o, mejor, transformarlo en positivo. El deporte, sin duda, es una de ellas.

Cada cual se siente atraído por su propia vía: puede ser pilates, yoga, simplemente la cinta… en mi caso, el boxeo. En definitiva, una actividad que no solo mejore tu bienestar físico, sino que fomente tu relajación y te mantenga en una actitud de tensión constructiva, no bloqueante. Porque esa actividad, al final, es tiempo que te dedicas para darle a la mente y el cuerpo lo que necesitan y por eso te lo agradecen.

Cuando uno siente y hace correr ese estrés positivo, cuando —a pesar de que pueda resultar un tanto brusco plantearlo así— lo lleva en las venas, entonces está poniendo la primera piedra no solo para elevar su rendimiento sino para ahuyentar estados de ánimo que pueden resultar verdaderamente demoledores: la soledad, la tristeza, el miedo, antes o después son los ingredientes que terminan hacer llegar el fracaso y el bloqueo.

Cuando estamos activados tal vez no seamos capaces de todo… pero lo podemos llegar a crear, y esa es una palanca formidable, única. ¿Por qué? Porque —a los resultados y a los propios procesos me remito— estamos en condiciones de ser más creativos, manejamos más herramientas y con más soltura, ampliamos nuestro foco de análisis, somos más resolutivos y directos; y, algo que jamás deberíamos olvidar en el mundo de la empresa, somos más productivos.

El estrés positivo produce el efecto de estar despierto. Seguramente todos conocemos a personas que tienen esa actitud, constantemente. No la pierden. Disparan su atención, su memoria, disponen de una enorme capacidad para generar trabajo, para rendir. Es imposible imaginarlos de brazos cruzados, dubitativos… exhiben, y eso trasciende, una sobresaliente agilidad mental. En términos generales, son luchadores. A veces de aspecto frío, pero luchadores.

Construyendo el mundo después del COVID-19

¿A quién no cogió con el paso cambiado la terrible pandemia del coronavirus? Una crisis sanitaria, que deriva en crisis económica, a continuación, en crisis social y, en lo que entiendo que aún ni hemos sido capaces de reparar, en una tremenda crisis emocional que ha alterado enormemente nuestras estructuras mentales, nuestra forma de pensamiento, nuestra organización del tiempo de trabajo y del tiempo de ocio… una suerte de teoría del caos a partir de la cual reiniciamos, reinventarnos, sin opción a ignorarla.

Todo ha sido terrible para España desde el punto de vista financiero y del propio sostenimiento de su Estado del bienestar. Los ERTES, los ERES, el mazazo al turismo, el varapalo a la hostelería, sectores consolidados como el de las ferias y exposiciones, por supuesto el deporte y el fútbol en particular, los derechos de imagen, los patrocinios y la revolución en el consumo de medios de comunicación *online,* tanto información como entretenimiento, noticias como cine… una potencia mundial en sectores de indiscutible trascendencia para nuestra buena marcha, de golpe y porrazo se veía diezmada, tocada y casi hundida. Y ahí seguimos hoy, dando brazadas.

Incluso en medio de la tormenta, con la borrasca arreciando y produciendo los mayores destrozos sobre el barco, hay que llegar a puerto. En las mejores condiciones. Salvar lo posible haciendo lo imposible. Y, desde luego, esta crisis, aún abierta de par en par, nos deja enseñanzas a cuya observación no deberíamos renunciar. Al contrario. Es vital interiorizarlas contrarreloj.

Toda generalización es injusta. Va de suyo. Pero es verdad que mi sensación es que hemos visto en cada compañía a los trabajadores, más que nunca, con ganas de ser útiles, de impulsar la recuperación, de poner toda su creatividad al servicio de soluciones que pudiesen funcionar, que se pudiesen convertir en oportunidades para tirar hacia adelante. ¡Claro que debería ser la tónica general! Pero el hecho es que, ante un contratiempo en la marcha empresarial de tales dimensiones, es casi fruto de la inercia que se abra paso lo mejor del ser humano, en todos los planos, también en el profesional. Y, sin duda, un empleado alineado con los propósitos de su firma, haciendo cosas diferentes para ganarse la confianza y el respeto, es un activo brutal: podríamos denominarle al fenómeno "intraemprendimiento"; es el juego de la supervivencia, de mantenerse en pie para seguir la maratón. Insisto: debería ser una constante al margen de las vicisitudes y los vaivenes del mercado.

Siempre he sostenido, en esta línea, que es en los momentos de crisis cuando se demuestra el verdadero compromiso de las personas con las organizaciones. La verdadera prueba de fuego. Y en nuestro país hemos visto cómo hay trabajadores, no únicamente los del ámbito sanitario, que han sufrido una sobrecarga importante, y han estado expuestos a riesgos laborales por no disponer de una protección adecuada.

Igualmente hay un fenómeno que no puede pasar desapercibido, y que tiene que ver con la realidad que viven muchos jóvenes en España: pisos compartidos, habitaciones de reducidas dimensiones o incluso con falta de ventilación en casa de sus padres, la convivencia con otros miembros de la familia con una rutina cotidiana muy diferente, esa precariedad en la aplicación del teletrabajo era, al final, pura adversidad. Y se ha tenido que sobrellevar como buenamente se ha podido.

Todo esto en el plano que queda a flor de piel, a pie de asfalto. Luego está el estratégico, que da para libros enteros. Los empresarios hemos tenido que afrontar, en términos generales, un replanteamiento de nuestro negocio, cada uno en su sector, porque las variables que le han afectado, que nos han afectado, han sido muy fuertes, y porque algunas han venido para quedarse: han cristalizado.

De salida, y descontando áreas como la alimentación, la logística, por supuesto el sector sanitario y farmacéutico, los ingresos y las inversiones han menguado, en algunos casos drásticamente y para no volver en un buen periodo; eso ha llevado a una reevaluación de las necesidades estructurales de las empresas, a explorar la transformación de los modelos en los que se basaban para operar, a redimensionar la fuerza de la comunicación para llegar no solo al cliente —a nivel externo— sino a quienes desde dentro conforman la masa de recursos humanos. En esa nueva normalidad, que se ha ido imponiendo de manera inevitable, en algunas facetas de forma abrupta y en otras sigilosa, el hecho cierto es que hemos entrado de lleno en lo que los anglosajones denominan *turning point,* un punto de inflexión que abre nuevos escenarios, con la particularidad de que no es fácil definir ese futuro: ni en las piezas de las que se compondrá, ni en los actores que participarán, ni en la interacción que se dará entre ellos.

La revolución, como en tantos momentos de la historia, va pareja a la pura sostenibilidad de quienes, personas y organizaciones, pretendan seguir vivos. El viejo darwinismo nunca termina de caducar como explicación a los fenómenos de cambio que afectan al ser humano. ¿Somos realmente conscientes?

Nos hemos visto de un día para otro ante el precipicio, ante la obligación de dar un salto, pero al tiempo hemos vuelto a los básicos. ¿Estábamos aplicando los protocolos correctos de salud y seguridad en nuestras compañías? ¿Estábamos cuidando la salud mental de los propios empleados, incluidos los directivos? ¿Alcanzaban estos un equilibrio entre su vida privada y profesional? ¡Son aspectos cruciales! ¿Los habíamos arrumbado en la trastienda? La reflexión que a los ejecutivos nos ha tocado hacer en primera persona ha sido inesperada, pero, por encima de ello, inexorable. En mi caso, particularmente, me he planteado hasta qué punto debíamos, a partir de ahora, promover una comunicación más clara, más directa, más continua a nivel corporativo, poniendo más en el centro de esta al empleado, con el objetivo, naturalmente, de reforzar el compromiso colectivo y acrecentar la propia autoestima, siempre un activo a mimar.

Quizá lo más importante es que esas reflexiones que ahora hacemos, y que aplicamos velozmente, trasciendan lo fugaz y esas lecciones no se olviden o queden en la cuneta. Y que se mantengan vivas por las cabezas de cada estructura importante (política, económica, cultural, deportiva…); porque si hay algo claro es que ciertos enfoques de liderazgo quedarán enteramente obsoletos en el mundo que viene, no funcionarán ni generarán combustión alguna.

Es este un ejercicio de responsabilidad especial. Basta referenciar los sondeos que una y otra vez nos recuerdan, en diferentes países del mundo desarrollado, que la mitad de las personas que dejan voluntariamente una compañía lo hacen para alejarse de un mal gerente. Porque en tiempos de bonanza, determinadas decisiones imputables al liderazgo pueden quedar impunes o pasar desapercibidas; pero en tiempos de crisis, el daño potencial producido por la incompetencia puede ser inmediato e inmenso.

Más que nunca, quienes tomamos decisiones al más alto nivel y tenemos la capacidad de influir en los demás, hemos de ser infalibles para alinear las fuerzas (sin desperdiciar un solo gramo de energía) hacia el objetivo común.

Y ello, conscientes de que no siempre es asequible la gimnasia de mirar al futuro con los ojos del presente, solo al alcance de verdaderos expertos en análisis de problemas.

Con frecuencia, a nuestros políticos se les llena la boca con expresiones, a modo de *slogan,* del tipo "nadie quedará atrás en el camino" o "saldremos todos juntos o no saldremos", pero ¿qué hay más allá de ese ejercicio de propaganda gubernamental, partidista, institucional? ¿Hay una realidad sobre la que se trabaja para fomentar y otra contra la que se lucha para desterrar? ¿Es simplemente *marketing* político para mantener un caudal alto de votos? ¡Abramos los ojos!

Quizá esos dirigentes no reparan en que somos los empresarios quienes, en primer término, nos sentimos concernidos, ocupados y preocupados en momentos en los que no queremos que ninguno de nuestros empleados se vaya a la cuneta, se sienta perdido y vulnerable, quede a la intemperie; porque es nuestra, a fin de cuentas, la responsabilidad sobre el mantenimiento de la plantilla y en qué condiciones.

Creo, en este sentido, que una pandemia mundial, con consecuencias tan indiscutiblemente devastadoras, nos ha vuelto a poner ante una disyuntiva que siempre estuvo ahí, y estará, porque es pura historia de la Humanidad. Es la elección entre el sálvese quien pueda o el de esta salimos.

No solo, pero quizá más aún por mi condición de deportista, y de amante del propio deporte y los valores que evoca, soy un férreo defensor, más en tiempos de crisis, del espíritu de equipo; especialmente cuando se abre paso la incertidumbre.

¿Acaso no ayuda, en circunstancias como las que vivimos, creer y apostar por un proyecto común, compartiendo un mismo objetivo que puede ser tan crudo como la propia supervivencia de una empresa, incluso de una institución? Hace no tanto tiempo, en el curso de una reunión con un posible aliado con el que nos disponíamos a desarrollar un proyecto conjunto, me preguntaba: "cuándo has acercado esa silla en la que estás sentado hasta la mesa, ¿cuántas manos has utilizado?". Dos, le contesté. "¿Por qué?", continuó. "Muy sencillo, porque con dos tengo más facilidad para recolocar la silla que con una, con la que tal vez solo podría arrastrarla", terminé.

En efecto, la suma de fuerzas termina generando con frecuencia un efecto multiplicador y es el mejor antídoto contra la inseguridad y la propia impotencia. Y puede ser un motor que, en un momento determinado, nos mueva y nos mueva, no dejando nunca al descubierto nuestras vulnerabilidades.

El COVID-19 y su prolongación en el tiempo ha desatado cambios radicales en nuestra forma de vida, de organización, en nuestros esquemas mentales y de jerarquía de nuestras prioridades, personales/profesionales. Y, ante la necesidad ineludible de la adaptación, entiendo que el tránsito ha sido más directo para aquellos que hemos pensado en el conjunto, en rodearnos de personas con una extracción de pensamiento o una experiencia distinta, en quienes hemos creído y creemos en el aprendizaje colectivo, en la conexión desde la polivalencia y en el combate, siempre, contra la parálisis.

No me cabe otro que un planteamiento optimista cuando aparecen nubarrones en el cielo y no podemos alcanzar a apartarlos de un manotazo. Porque soy de la idea de que las miradas pesimistas, que terminan redundando en desesperación o en desconfianza, a veces tienen su origen en la ausencia de fe en ese espíritu de equipo y sus bondades, como puede ser el propio empoderamiento de cada uno de nuestros colaboradores… a veces ellos, y no los líderes, ¡pueden tener las mejores respuestas!

Liderar no significa situarte en lo más alto, en el ático, sino conocer con la máxima precisión y proteger a quienes viven en el conjunto del edificio. Todas y cada una de las plantas son importantes y necesarias. Y, sobre todo, hoy es imprescindible hacerlo, inyectando una vacuna imprescindible: la pasión.

España es un maravilloso país de pasiones. Hemos de creer en él, porque sin esa base es imposible generar ilusión. Ahora especialmente, apostemos por las personas, apostemos por lo nuestro. Con compromiso y confianza, desterrando los egos y el negativismo. Nos han empujado a andar un nuevo camino. ¡Aprendamos! Pensemos en dónde estamos ahora y dónde nos gustaría estar mañana.

Aún digo más. ¿Tenemos derecho a tener miedo ante la incertidumbre? Por supuesto, casi nadie está libre. Pero, precisamente, ser consciente de ello es lo que te llevará automáticamente a marcar tu visión a medio plazo para que esa meta te ayude a coger tracción, a echar raíces que terminen siendo alas para volar, a cambiar lo que dependa de ti metiendo mucho coraje y mucha actitud. Ventilemos pulsaciones, destilemos energía positiva. ¡Y luchemos!

No quiero pasar por alto una imagen y una metáfora. Hace no demasiado tiempo dediqué un buen rato a trabajar y a reflexionar en un parque, en mi viejo barrio. Un entorno de gente humilde, batalladora incansable, auténtica. Superaron en muchos casos una guerra civil y la posguerra. Han pasado décadas y hoy tienen miedo. ¿Por qué? Hay razones. Pero la más atronadora, a mi juicio, es la de sus dudas por enfrentarse a lo desconocido: la información cruzada, la desinformación, las teorías conspirativas, la siempre alargada sombra del crac económico…

Hay un valor al alza clarísimamente para neutralizar estos fantasmas, y se llama confianza. Cuando la hay, se aceleran los procesos sociales, personales, laborales… cuando falta, los engranajes se atascan y se abre paso a la opacidad, a las conjeturas, a la incredulidad, a los estados y los ambientes tóxicos, negativos. El motor se gripa. No hay más.

También en este contexto quiero reivindicar otro potencial: la valentía. *Audentis fortua iuvat,* dice el clásico. En efecto, pienso que estamos en tiempos de atreverse, de perseverar, de recordar aquello de levántate siempre una vez más de las que te caigas, de soñar en medio de la dificultad, de mantener bien presente aquello de querer es poder. Lo sé: no es fácil, pero la propia lucha puede ser apasionante y hacer que nos valoremos más y mejor a nosotros mismos. No todo el mundo cuenta con un plan de crisis frente a una depresión, ni todas las empresas, pero todas las personas y las organizaciones deberíamos ser capaces de hacer los ajustes adecuados para afrontar las cambiantes circunstancias del trance azaroso y atribulado que nos ha tocado vivir y al que debemos torear: coger fuerte por los cuernos.

Y, algo más, no permitamos el retroceso en el mundo de las emociones. ¿Hemos calibrado hasta qué punto la pandemia, sus efectos y las medidas de respuesta, han redimensionado el universo de los afectos, con lo que ello significa?

No siempre es sencillo, cuando se trata del caso de las generaciones que se encuentran en la llamada tercera edad, pero, en tiempos de turbulencias, no hay nada como mentalizarte en términos de aceptación y de adaptación.

No todo lo que nos gustaría cambiar depende de nosotros. Por mucho valor que atesoremos, por mucha determinación que derrochemos… no todo está en nuestra mano, aunque sea muchísimo lo que podemos moldear. Ser valiente, aunque resulte paradójico de un primer vistazo, suele llevar aparejado ser paciente. ¡Apliquemos esa receta! ¡En su totalidad!

Las emociones suman y multiplican

Todos hemos leído y escuchado acerca de las muchas y variadas habilidades que debe reunir hoy en día un líder: empatía, escucha activa, comunicación asertiva, flexibilidad, versatilidad... En su momento, Joseph Nye JR. desarrolló doctrinalmente el *soft power* y su importancia a la hora de aplicarlo en la política internacional, incluso en tiempos en los que Estados Unidos se había embarcado con todo su poder militar en la guerra global contra el terrorismo.

Hoy, esas *soft skills* están en boca de todos los catedráticos y en la mesa de las más relevantes escuelas de negocios del mundo, incluidas las españolas. Es evidente: los títulos académicos, la formación, todo lo que se puede medir en resultados obtenidos acerca de un profesional marcan su nivel, pero ¿y sus resultados? ¿pueden esas habilidades blandas hacer la diferencia no sólo en los objetivos alcanzados por un empleado o un directivo sino en ámbitos como el de su grado de motivación y su compromiso corporativo? La respuesta es sí, por supuesto que pueden.

Especialmente además de quien o quienes ocupan las más altas responsabilidades en una firma, cada día se espera más que, a sus habilidades técnicas ligadas a su función, sume las interpersonales; entre otras razones, para engrasar con más eficacia la relación entre sus subordinados y colaboradores haciendo posible que cada uno de ellos aporte lo mejor de sí mismo al grupo.

Alejémonos por un momento del ámbito puramente ponderable, científico, del papel y aterricemos en el campo de las emociones, en esos impulsos que, bien gestionados, nos mueven con energía a la acción y nos conectan con aquello que nos va a ayudar a producir y a dar sentido a lo que producimos. Aún más: llevemos esas emociones a la cancha de lo empresarial. Pensemos en clave de amabilidad, de respeto, de comprensión, incluso de compasión. En Estados Unidos, ya hace más de treinta años se promovía la inteligencia emocional como aquella que permitía supervisar y entender las emociones propias y ajenas, usando esa habilidad para guiar a una acción positiva de acuerdo con nuestro pensamiento. Era la historia, lo ha demostrado, algo más que una tendencia pasajera.

En la sociedad que nos ha tocado vivir, saber manejar los sentimientos es fundamental. ¿Importa aún el coeficiente intelectual? Sin duda, como hace siglos y como en los venideros, pero en paralelo al coeficiente emocional que, de acuerdo con algunas voces, y en un dato probablemente sobredimensionado, es responsable del éxito de los líderes empresariales en más del 80% de los casos.

La resolución alternativa de conflictos, la capacidad de negociar y de allanar el camino cuando se pone cuesta arriba, de apartar piedras y dejarlas para siempre en la cuneta… no todo se enseña en las aulas, tampoco en las de la Universidad. La pregunta es: de la misma manera que se entrenan los bíceps o los abdominales regularmente, o cualquier otro músculo del cuerpo, ¿es posible trabajar las competencias emocionales y hacerlas más robustas, mejores, mantenerlas en forma? ¿se puede muscular la capacidad para comprender y abordar las emociones humanas? No me cabe la menor duda de que sí; como tampoco creo que haya debate sobre el hecho de que estas habilidades están, cada día más, en la base de las organizaciones de alto rendimiento, empezando por las empresariales.

Vayamos a cuestiones básicas pero muy relevantes. ¿Podemos incrementar las ventas si reclutamos y formamos a comerciales más emocionalmente inteligentes? ¿Podemos dar, de la misma manera, y con unos recursos humanos de este perfil, una mejor atención al cliente? ¿Podemos disponer de ejecutivos que, más allá del objetivo de obtención de beneficios económicos, sean un referente para la sociedad? ¿No hemos pensado si la inteligencia emocional puede estar en el cogollo mismo de la productividad, de la estimulación en la mejora de los procesos de las compañías bien asentadas y en las antípodas de las causas del bajo rendimiento, incluso del absentismo? ¿No hemos reflexionado sobre su correlación con la motivación, el entusiasmo, la perseverancia, la capacidad de adaptación o la agilidad mental para los negocios?

Qué importante es tener la virtud de reconocer, entender y saber gestionar debidamente no solo nuestras propias emociones sino también las de otras personas con las que trabajamos: empleados, socios, proveedores y aliados… no siempre es fácil mantener en un punto alto y óptimo la motivación y el entusiasmo; la frustración, la decepción nos asaltan con frecuencia, como seres humanos que somos, estén estas sensaciones o no justificadas.

Por eso considero crucial, a mayor nivel de responsabilidades, mayor nivel de inteligencia emocional. Porque, en definitiva, opera como una suerte de *hardware* para mantenernos enfocados incluso en momentos de crisis; porque nos ayuda a tomar distancia de los problemas para que nuestras determinaciones sean lo más objetivas y fundadas posibles; porque nos permite discernir y eliminar las influencias tóxicas, controlar los impulsos y estabilizar los estados de ánimo.

Son, todos los citados entre otros, recursos absolutamente indispensables en un entorno laboral y en una sociedad, en general, muy competitiva.

No podemos olvidar nunca que los líderes tienen sueños, pero los trabajadores, quienes están en la base de la pirámide y cuyas funciones son esenciales para hacer crecer los proyectos, también. Igualmente, legítimos y grandes.

Para mí ha sido siempre una fijación la de comprender la estructura empresarial como un todo, indisoluble, no como un conjunto de piezas o de áreas más o menos ensambladas y más o menos coordinadas. Es esa actitud la que, a mi modo de ver, te va a permitir emocionalmente convencer a tus empleados de que vale la pena el esfuerzo, de que siempre hay un desafío por el que luchar, de que hay una meta común que alcanzar y, bajo mi punto de vista algo básico, que se puede y se debe disfrutar del camino antes de ver la bandera de cuadros.

Como defensor de la inteligencia emocional, creo que no debe ser interpretada como aquella que tiende al pensamiento y la actuación en positivo, sí o sí. Su manejo conlleva el mantener lejos a aquellas personas no solo que no son productivas, sino que pueden hacer daño y distraer, a las especialistas en crear situaciones estresantes o tóxicas de las que derivan elementos bloqueantes. Creo, igualmente, que es un tipo de inteligencia que nos ayuda, y mucho, a desarrollar confianza en nuestro propio instinto, a separarnos de las reglas burocráticas irracionales y absurdas, que ahogan la creatividad; que nos eleva y coloca, en fin, del lado de lo atractivo, donde se abre paso al flujo de ideas buenas.

Con la irrupción virulenta de la pandemia del COVID-19, en el mundo desarrollado: materialista, hedonista… girando de una manera tan clara sobre el eje de la economía y las finanzas, se ha practicado una suerte de *back to the basics,* llevado al extremo en el denominado síndrome de la cabaña. Ha sido un retorno al placer simple de apreciar las cosas básicas de la vida. Pues bien, yo reivindico, desde la aplicación de la inteligencia emocional a la gestión de la empresa, los valores humanos más elementales. Me refiero por ejemplo a la honestidad y la coherencia, a decir lo que pensamos y hacer lo que decimos, sin dejarnos atrapar por las modas o por lo hueco. Me refiero a la generosidad, entendida esta como capacidad para desarrollar una actitud de ayuda, más allá del propio beneficio individual. Me refiero a la propia empatía, al ponerse en la piel del otro para saber qué piensa, por qué piensa así, qué siente, por qué ha llegado a determinada situación… me refiero, en fin, a la propia humildad, al afán de aprender del otro desde la curiosidad, con respeto, con prudencia.

Un líder que tiene claras sus emociones es alguien que concilia y busca consensos, es alguien que brinda buenas asistencias para que otros rematen y se luzcan, es alguien que no deriva su responsabilidad, es alguien que dispone de un código ético y no se mueve obsesivamente como un autómata. Al contrario: cuando la necesita, solicita ayuda los demás y no busca excusas para romper unas reglas que él mismo ha impuesto al conjunto. Toda esta galaxia a la que hago referencia, este campo semántico no tiene tanto que ver con lo que se aprende en la pizarra de una escuela de negocios sino con lo que cada uno es capaz de sentir, con su propio autoconocimiento en el plano emocional. el conocimiento suma, pero la actitud multiplica. Es fundamental. No siempre es fácil aplicárselo en primera persona, pero es fundamental que dejemos pasar la rabia para que no derive y cristalice en resentimiento, como hay que dejar pasar los momentos puntuales de tristeza para que no cuajen en forma de resignación. Y, desde luego, las frustraciones deben ventilarse para que no desemboquen en una pérdida constante de energía. ¡No podemos permitirlo!

Todas las fichas a las *soft skills*

Todo está en nuestra mente. Hay algo contra lo que he luchado desde que me inicie profesionalmente, pero que también contemplo en mi vida personal, en la práctica del deporte y son las creencias limitantes.

Quienes han asistido a mis sesiones de *coaching* me han oído hablar en los primeros compases de esa visión deforme que consiste en que lo que pensamos que conocemos nos impide aprender y avanzar. Nuestra trayectoria son etapas, y hemos de hacernos a la idea de lo positivo que resulta desaprender para hacer hueco a lo nuevo, a lo que nos suma. Es una suerte de teoría de los espacios.

No somos máquinas. Hay una parte de nuestro carácter, también en el ámbito de lo que creemos, que viene de serie, o casi. Esa franja de nuestra personalidad la hemos ido incorporando elementos a nivel educativo, social, sentimental y esos elementos pueden convertirse en barreras o límites que nos impidan avanzar; a menos que cambiemos de lentes, de filtro, que probemos con una paleta de colores distinta, que procuremos rodear la montaña para apreciarla en sus distintas vertientes y ángulos…

Las creencias limitantes o se construyen o se consolidan en entornos tóxicos, de los que debemos huir como de una plaga de langostas. Busquemos a quien nos aporte un valor añadido real. ¿Quién tiene como objetivo perder su tiempo? No conozco a nadie que se lo proponga, pero sí, por desgracia, a quien lo lleva inevitablemente, inconsciente y fatídicamente a la práctica.

En efecto, hay situaciones que se analizan mejor desde el exterior, que es más complicado cambiarlas cuando le tocan de lleno a uno mismo. Sí. No dejemos nunca de pensar que el tiempo pasa y no vuelve, y que somos nosotros quienes hemos de sujetar el mando para determinar en qué invertirlo. Y que si no damos un paso tras otro en el viaje del aprendizaje será materialmente imposible alcanzar la excelencia, seguramente una meta noble y compartida por casi cualquier persona con una cierta ambición y un propósito claro.

A veces hay que detenerse para seguir, por supuesto, como cuando hacemos una travesía por el campo. Los propios alpinistas lo hacen cuando buscan la cima de la montaña. Visualicemos nuestros campamentos base. Estudiemos cuánto tiempo conviene hacer el alto antes de proseguir. Respiremos y analicemos. Ahí están los propios ciclistas antes del *sprint,* a escasos metros de la meta o en lo alto del puerto de primera antes del demarraje.

Hay una herramienta con la que me parece fundamental trabajar y que creo que, en ocasiones, lleva a malentendidos. Me refiero a la comodidad, y pienso que es un punto de partida crucial para cualquier relación. Sin ella, es harto complicada la confianza, la comunicación, que fluya lo que debe fluir para que nuestra visión, a través de nuestras acciones, transforme nuestros sueños en realidad.

Frente a las habilidades duras o fuertes, donde hay escaso margen para la flexibilidad, las *soft skills* ayudan a funcionar en espacios más abiertos, en contornos menos establecidos con trazos gruesos. En muchas ocasiones nos bloqueamos pensando de dónde venimos y no nos percatamos de que lo importante, de verdad, es hacia dónde estamos yendo: que nuestras decisiones nos acerquen día a día a la consecución de nuestros objetivos, atravesando cuantas metas volantes sean necesarias.

Hagámoslo, sin caer en la desesperación. Es ley de vida. ¿Quién no ha subido a una cumbre encontrando por el camino rocas que hay que rodear o saltar? ¿Quién no ha tenido que evitar el hielo que le hace resbalar y le lleva al suelo? ¿Quién no se ha visto obligado a ralentizar el paso ante la presencia, directamente, de la nieve? ¿Acaso no pensamos en ese instante en que podemos desorientarnos y perdernos? ¿Acaso no pensamos que la cima parece inalcanzable?

Eso es la vida: paciencia, confianza, movimiento, superación, atrevimiento… y apartar siempre las excusas y los miedos, porque son simplemente los mejores aliados de la parálisis.

Puede llegar a ser excitante pensar que tenemos alas para volar, pero no dejemos nunca de valorar los pies que tenemos para andar. Tengamos un buen concepto del equilibrio, del complemento de todos aquellos recursos que están a nuestro alcance y que hemos de usar, según el caso y las circunstancias, con inteligencia.

Quien trabaja la aplicación de las *soft skills* sabe que dispone, al mismo tiempo, de una brújula y de un ancla. ¿No nos damos cuenta de que, más veces de las recomendables, el futuro nos atormenta y el pasado nos encadena? ¿No somos conscientes de que eso hace que se nos escape el presente entre los dedos de la mano?

Llevémoslo al terreno práctico, mundano. Hay personas que odian especialmente los lunes, por aquello tan manido de la vuelta a la rutina. Es la pista de aterrizaje del bloqueo emocional y del mental. Nos desinflamos con nuestra propia actitud, entramos en el circuito con el depósito bajo de combustible y los neumáticos gastados. ¿Qué sentido tiene? Nuestras energías se pierden en un fin de semana que pasó, en el que aún tenemos puesta la mirada, y el próximo que aún no ha llegado. ¿Qué ganamos?

Tres cuartas partes de lo mismo ocurre en relación al síndrome postvacacional. Y tengo que subrayar aquí que, de nuevo, la sociedad postmoderna se encuentra ante una terrible paradoja.

Quedaron atrás los tiempos en los que las vacaciones eran de treinta días consecutivos, inapelables; de sesenta días en el caso de ciertos funcionarios. Entonces, tras una ruptura de los hábitos tan prolongada podría tener cierto sentido el choque del regreso a la oficina. Pero ¿hoy?

El periodo de descanso suele dividirse porque los contratos temporales se han incrementado en unos porcentajes altísimos. En otros casos, por cuestiones vinculadas a la propia conciliación laboral, padres y madres (incluso quienes no tienen familia a su cargo), prefieren partir esos días. Y, sin embargo, el referido síndrome está absolutamente en auge. ¿Quién puede entenderlo?

Por desgracia, tiene su lógica. En momentos dominados por el estrés, ¿todas las personas son capaces de desconectar? Es evidente que si no lo logramos nos metemos de lleno en el territorio de la tristeza, de la ansiedad, de la preocupación, de la inadaptación, de todo el campo semántico vinculado al malestar psicológico.

No podemos dejarnos vencer por estas dinámicas perniciosas. Porque, de una forma u otra, significa dejarnos atrapar por la inseguridad, por el miedo a perder el control… No es algo que esté únicamente en nuestra mente. Es algo físico: las palpitaciones, la taquicardia, la excesiva sudoración, el temblor, las molestias digestivas, el dolor muscular y de cabeza… ¿es necesario seguir? En efecto, se trata de estados insanos que hay no que amortiguar sino asaltar antes de que nos asalten y nos dominen. Hemos de trabajar nuestros mecanismos de defensa, despejar los fantasmas de los cambios vitales, en el mal entendido de que estos serán a peor y, desde luego, en relación a nuestras expectativas: gestión, gestión y gestión. Seamos realistas, pero no nos obsesionemos con listones metafísicamente imposibles de franquear. No nos ceguemos mirando hacia atrás, pero tampoco intentemos, ni siquiera con prismáticos, adivinar lo que abordaremos muchos, muchos kilómetros por delante.

Nadie es infalible. Ni una especie de *terminator,* inmune a las propias debilidades y limitaciones del ser humano. Por eso, siempre he defendido algo con rotundidad: si luchamos existe la posibilidad de que perdamos, pero si no lo hacemos estamos directamente perdidos. ¿Es ese nuestro sitio? No siempre se puede ser el número uno pero ¿no es posible ser la mejor versión de cada uno de nosotros?

Lo sé, no siempre es fácil la apuesta, pero no dejemos de jugar la carta de la psicología positiva. ¡Es la ganadora! Me explico: veamos en la cara A de la autoexigencia no una cara B de ansiedad o de frustración cuando no alcanzamos lo que hemos perseguido. Veamos un estímulo, el progreso, el cambio… sea este en el ámbito más privado o en el profesional. Y dentro de este terreno, el de las habilidades que se proyectan desde el interior al exterior, no dejamos un solo milímetro al campo de los prejuicios. Si los desarrollamos, estaremos en desventaja, perderemos oportunidades. Siempre he pensado que especialmente los prejuicios nos hacen confundir el pasado, son una amenaza para el futuro y bloquean el presente. ¿Alguien puede explicar sus ventajas? Todavía más. En no pocos casos, esos prejuicios son un espejo de nuestras inseguridades, de nuestros miedos y de nuestros defectos. Y, lo peor, no es que recogen de forma natural estos últimos, sino que los reproducen amplificándolos.

No pensemos, en el campo de juego de las *soft skills,* que nos ceñimos a una galaxia exclusiva, la de los altos directivos. Son herramientas que si se utilizasen harían imposible la imagen de un camarero atendiendo de mala manera y con frustración, la de un farmacéutico actuando como un autómata al dispensar, la de un dependiente cortante o de mueca avinagrada… harían imposible la tan trillada caricatura del funcionario de ventanilla mirando el reloj pretendiendo la cercanía de la hora del cafelito.

Hablamos, por emplear un anglicismo en boga, de que cualquier profesional debería disponer de esa *tool box* que le hiciese mejor, mucho mejor. ¿No hay acaso diferencia entre el administrativo absolutamente ejecutivo, que resuelve, y el que manda de paseo los expedientes viendo en ellos simplemente, y por tirar de una expresión coloquial, un cúmulo de marrones?

Esos recursos para trabajar en positivo están ahí, nos los pueden mostrar pero otra cosa es subsumirlos en nuestro *hardware* y desplegarlos. Para esto es clave el autoconcepto: cómo nos vemos, la percepción de nosotros mismos que puede guardar más o menos distancia con la que los demás tienen. Pensémoslo.

Y a partir de ahí pasemos al auto compromiso: lo que acometas, hazlo por ti; no te cargues de responsabilidades ajenas y nocivas, carentes de cualquier tipo de estímulo sano, y que no te corresponden. ¿Tiene lógica pasarnos media vida intentando ser lo que se espera que seamos? ¿Por qué? El desgaste podría ser incalculable, agotador; y con ello el atasco, el bucle, la atonía, la frustración, los arañazos, la involución. ¿Vale la pena? No, desde luego si lo que buscas es jalonar tu carrera de comportamientos y acciones ganadoras.

Planteado en otras palabras: el mundo cree en quien cree en sí mismo. ¿Aspiramos a convivir con la realidad o con la etiqueta? ¿Cuántos segundos estamos dispuestos a permanecer en la casilla del qué dirán?

Hay algo más relativo al manejo de las *soft skills* que es el fundamento de todo lo demás: ayudan a tener salud. Sí, no se trata de ningún aserto de Perogrullo. La salud es mucho más que la ausencia de enfermedad. Es el bienestar, físico y emocional. Es el punto cardinal que se encuentra en las antípodas de las presiones externas que nos atosigan y nos atoran, que nos alejan de nuestra identidad y nuestra esencia. Solo desde esta raya de arranque podremos resolver las incidencias y los problemas, y no dejarnos arrastrar hasta el fango de las primeras y los segundos.

Las profesiones de la era Kubrick

Cuando creíamos que teníamos todas las respuestas, cambiaron todas las preguntas. La vida misma, de acuerdo a la sensibilidad y la filosofía de Mario Benedetti, que comparto plenamente.

En muchas de mis charlas, tanto con ejecutivos como con responsables de rango medio de compañías de distinto tamaño, formulo la siguiente cadena de interrogantes, todos íntimamente vinculados: ¿hasta qué punto la empresa se considera responsable de la carrera de sus trabajadores?, ¿tiene sentido iniciar y concluir toda una vida en la misma compañía?, ¿ha de tener el empleado una actitud reactiva esperando que su firma le dirija a cursos de actualización o buscar, sobre la marcha, sus propias alternativas y sus personales caminos?

No cabe duda de que estas cuestiones dan para varios másteres. Ahora bien, dos puntos de partida son para mí indiscutibles. El primero es que, ante cualquier circunstancia, la actitud del empleado sea proactiva. El segundo es que se tenga claro hacia dónde se quiere ir y quién se es, tramo por tramo, como profesional. No todo el mundo puede responder con la misma rapidez o de forma tan excelente al tsunami tecnológico, pero lo que es indiscutible es que hay que hacerlo. No es una disyuntiva. Es una vía única, pura adaptación a una realidad que no se revertirá en la medida en que muchos de los empleos del futuro aún no tienen siquiera nombre. No de los próximos siglos sino a dos décadas vista. No hablamos de una odisea en el espacio en 2121. Están aquí.

Hoy, asistimos a una verdadera explosión de todas aquellas funciones vinculadas a la robótica y la inteligencia artificial, y con ello al análisis y explotación de datos. Basta citar que una empresa emergente canadiense detectó el brote de coronavirus en Wuhan antes de que las propias autoridades chinas lo hicieran público. Otra cosa es el momento en que lo conocieron o tuvieron fundadas sospechas de su irrupción.

Dicho lo cual, no creo que sea tan trascendente, desde el punto de vista mental, hablar de las profesiones o los sectores productivos del mañana como de cómo leemos el ahora y ese día después. En tiempos de agitación y nerviosismo, de preocupación y ansiedad por la fisonomía de ese futuro, con frecuencia perdemos el foco en lo que va pasando, y es en ese escenario en el que necesitamos de nuestra mejor interpretación, de nuestra mejor versión.

No se puede vivir sin memoria, porque eso haría de nosotros seres mecánicos, inertes. Pero de la misma manera que hay personas que viven obsesionadas con las huellas del pasado, y viven varadas en la melancolía o la rabia o el anhelo, las hay que se obsesionan con controlar, en el devenir futuro, factores externos que incidirán sobre él pero que no podrá controlar. Porque son estratégicos, porque son propios de los tiempos que corren y trascienden a la persona. Claro que el universo de las profesiones está atravesando una auténtica revolución, una más. Claro que esa transformación radical afectará sobre todo a las generaciones venideras, a quienes hoy se encuentran aún en periodo de formación. Pero, lo más importante, es que cada uno de nosotros pulsemos nuestro propio *on* y manejemos los mandos que están a nuestra disposición.

Carece de sentido soñar con la vida que nos gustaría, en el ámbito laboral, disfrutar en años. Carece de sentido fabricar interiormente expectativas irreales y artificiales, si nuestra actitud es meramente contemplativa, reactiva, carente de pulso. No se nos puede escapar el segundero preguntándole al espejo demasiadas cosas sobre lejanos horizontes cuando las respuestas pueden estar cerca y en nuestro propio interior.

Pero hay algo más. Por encima de nuestro particular oficio, pensemos en nuestra actitud, en el progreso de nuestro camino. El gran campeón del mundo de ajedrez, W. Steinitz, decía que "la acumulación de pequeñas ventajas lleva a una gran supremacía". En efecto, como en las partidas sobre el tablero, en la vida no se suele ganar por una sola jugada maestra que nuestra competencia no ha visto. Se gana por muchas buenas jugadas seguidas que van creando poco a poco una mejor posición. ¿O no? Démosle una vuelta…

Epílogo

"Tienes más cualidades de lo que tú mismo crees. Pero para saber si son de oro bueno las monedas, hay que hacerlas rodar".
Gregorio Marañón

Todo libro es un viaje y todo viaje tiene un final, al menos un alto en el camino. No puedo sino agradecer, en este punto, al lector, a ti, por haberme acompañado en esta ruta que ha tenido —espero— seguramente mucho de encuentro, de descubrimiento… de sesión de *coaching*, en definitiva.

Tengo que agradecer, igualmente, todo cuanto me han aportado, año tras año, experiencia tras experiencia, a todos los compañeros y compañeras de vida que tras tantos apasionantes senderos completados y jalonados han compartido conmigo diversos momentos: todos han tenido algún tipo de magia, me atrevo a decir; incluso añado que también de los difíciles se ha podido extraer algún tipo de aprendizaje.

Alma de Coach es un libro que fue concebido y escrito de forma pragmática, buscando radicalmente su utilidad, pero también con mucha "piel": buscando, en cada contexto social y personal, laboral y profesional que he vivido su sentido y su significado; y ello, desde un tiempo presente de cambio, de reinvención y persecución de las mejores oportunidades, de unas horas en las que, sí o sí, nos vemos forzados a salir (a veces de forma abrupta e inesperada) de nuestra zona de confort.

He pretendido, con cada palabra con cada imagen y metáfora que he buscado, que este trayecto se os haya hecho ameno, se te haya hecho ameno como lector. Y, sobre todo, que ya sobre estas líneas, vuestra visión sea diferente a la que teníais cuando estábamos en la línea de salida, que vuestro autoconcepto haya sido revisado, que vuestra confianza se haya abierto y ensanchado; y, por encima de todo, tengo el pleno convencimiento de que la pasión, que es la gasolina de la vida, os prenderá la llama del querer hacer y os lleve de la reflexión a la acción, sin un instante para la parálisis.

En efecto, la inteligencia emocional cobra cada vez más protagonismo en nuestros días, y empieza en nosotros y por nosotros mismos, por preguntarnos hacia dónde vamos, si estamos lejos en *el aquí y el ahora* de ese puerto al que nos dirigimos, guiados por ilusiones legítimas y hasta bonitas que ejercen de palanca vital para no rendirnos ni pararnos por complicado que sea el recorrido, por empinada que sea la rampa de subida. ¿Cuántas veces no hemos oído que la vida no es un camino de rosas?

Saber escuchar implica abrirse a las emociones, esas que de forma natural y sincera sentimos muy adentro, y a veces por el que dirán no nos permitimos conocer a personas maravillosas, o disfrutar de experiencias vitales diferenciales y momentos de los que aportan un valor añadido real. Este creo que es uno de los retos de la sociedad y, si se me permite, hasta del hombre de nuestra época: tan sofisticada en algunos aspectos y tan primitiva en otros. En un universo cada vez más dominado por las apariencias, por los *likes,* por los seguidores y los filtros, necesitamos tocar la trompeta de la autenticidad, dejarnos fluir… atrevernos a ser nosotros mismos, sin aditivos ni condimentos, en esencia. ¿Acaso hemos de tener miedo?

Este que aquí va expirando es un viaje al ser, por eso lo he querido llamar *Alma de Coach,* porque —por encima de todo— para ejercitarse en este oficio, como emprendedor, empresario, autónomo, pareja… como persona, debemos empezar por poner en equilibrio en nuestras conversaciones y permitirnos conocernos profundamente, para poder ser nuestra mejor versión. Desnudar la piel es más fácil que desnudar el alma. Simplemente he querido desde esta atalaya, y estoy seguro de que desde muchísimas coincidencias, haberos, haberte aportado algunas claves para seguir creciendo día a día. Mi filosofía de vida es *"avanti siempre",* y es una actitud, aunque llueva o sople el viento, con la que pretendo trasladar que depende de nosotros el avanzar. En tiempos de crisis y dificultades, agárrate al coraje que siempre te dará fuerzas para seguir avanzando. ¡Cree en ti por encima de todo!

Nuestras colecciones

Guías para todos aquellos que deseen ampliar sus conocimientos sobre asuntos específicos, grandes personajes, épocas, culturas, religiones, etc., ofreciendo al lector una amplia y rica visión de cada una de las temáticas, accesibles a todos los lectores.

Guías para gestionar con éxito un negocio, vender un producto, servicio o causa o emprender. Pautas para dirigir un equipo de trabajo, crear una campaña de *marketing* o ejercer un estilo adecuado de liderazgo, etc.

Guías para optimizar la tecnología, aprender a escribir un *blog* de calidad, sacarle el máximo partido a tu móvil. Orientaciones para un buen posicionamiento SEO, para cautivar desde Facebook, Twitter, Instagram, etc.

Guías para crecer. Cómo crear un *blog* de calidad, conseguir un ascenso o desarrollar tus habilidades de comunicación. Herramientas para mantenerte motivado, enseñarte a decir NO o descubrirte las claves del éxito, etc.

Guías prácticas dirigidas a la salud y el bienestar. Cómo gestionar mejor tu tiempo, aprenderás a desconectar o adelgazar comiendo en la oficina. Estrategias para mantenerte joven, ofrecer tu mejor imagen y preservar tu salud física y mental, etc.

Guías prácticas para la vida doméstica. Consejos para evitar el *cyberbulling*, crear un huerto urbano o gestionar tus emociones. Orientaciones para decorar reciclando, cocinar para eventos o mantener entretenido a tu hijo, etc.

Guías prácticas dirigidas a todas aquellas actividades que no son trabajo ni tareas domésticas esenciales. Juegos, viajes, en definitiva, hobbies que nos hacen disfrutar de nuestro tiempo libre.

Guías para aprender o perfeccionar nuestra técnica en deportes o actividades físicas escritas por los mejores profesionales de la forma más instructiva y sencilla posible,

EDITATUM

Libros para crecer

www.editatum.com